习近平
新时代中国特色社会主义思想
学习论丛

第六辑

中共中央党史和文献研究院 编

中央文献出版社

出版说明

习近平新时代中国特色社会主义思想是新时代中国共产党的思想旗帜，是当代中国马克思主义、21世纪马克思主义，是中华文化和中国精神的时代精华，实现了马克思主义中国化时代化新的飞跃，为新时代党和国家事业发展提供了根本遵循。习近平总书记作为党中央的核心、全党的核心，是习近平新时代中国特色社会主义思想的主要创立者，习近平新时代中国特色社会主义思想集中体现在习近平总书记的一系列重要著作中。党的十八大以来，中央党史和文献研究院在努力完成好党中央交办的编辑出版习近平总书记著作重大政治任务的同时，组织撰写并在《人民日报》、《求是》杂志等发表了系列理论宣传文章。为帮助广大干部群众深刻领会习近平总书记系列著作的精髓要义，系统把握党的十八大以来以习近平同志为核心的党中央理论、实践和制度创新的重大成果，把学习习近平新时代中国特色社会主义思想进一步引向深入，现将这些文章分册结集出版。收入本书时，我们对有些文章的个别文字作了必要的订正。

中共中央党史和文献研究院

二〇二三年十一月

目 录

深刻认识坚持和加强党的领导的历史逻辑

中国共产党领导是中国特色社会主义最本质的特征，这是习近平总书记作出的一个重要论断，是习近平新时代中国特色社会主义思想的重要内容。这一论断，既是从现实需要出发提出来的，也是在对历史经验的深刻总结中提出来的。我们要结合学习党史、新中国史、改革开放史、社会主义发展史，深刻认识这一论断的历史逻辑。

没有党的领导就没有新中国和社会主义制度的建立

1840 年鸦片战争以后，为了实现民族复兴，中国人民进行了长期的摸索。起初是封建统治阶级内部的洋务派提出“自强”、“求富”的口号，主张“中学为体，西学为用”，“师夷长技以制夷”，企图在维护现存封建社会制度的前提下引进西方资本主义国家新的军事和生产技术。甲午战争的惨败，宣告了洋务运动的破产。太平天国和义和团运动的失败说明，落后的农民阶级承担不了新的历史重任。19 世纪末的戊戌变法，资产阶级维新派主张仿效西法，在中国建立君主立宪的政治体制。但这种依靠封建统治者自上而下改良的路根本走不通，在旧势力的打击下，维新运动百日夭折。辛亥革命结束了在中国延续了 2000 多年的君主专制制度，打开了中国进步潮流的闸门，但辛亥革命的果实很快被北洋军阀的首领袁世凯所窃取，中国陷入军阀混战的局面。辛亥革命的失败说明中国软弱的资产阶级同样也无力领导中国人民实现民族独立和人民解放的任务。领导实现中华民族伟大复兴的重任，历史地落在新生的具有彻底革命性的无产阶级身上。1921 年，无产阶级的先锋队组织中国共产党诞生。自从有了中国共产党，中国革命的面貌才焕然一新。中国共产党以马克思列宁主义为指导，第一次弄清了中国革命的性质、对象、任务、动力，提出通过新民主主义革命走向社会主义的战略，为民族复兴指明了根本方向，并开辟出了以农村包围城市、最后夺取全国胜利的革命道路。

正是在中国共产党领导下，经过 28 年浴血奋战和顽强奋斗，党和人民历经千辛万苦、付出巨大牺牲，终于推翻了帝国主义、封建主义、官僚资本主义的统治，夺取了新民主主义革命胜利，实现了几代中国人梦寐以求的民族独立和人民解放。中华人民共和国的成立，使中国人民成为国家、社会和自己命运的主人，实现了中国向人民民主制度的伟大跨越，实现了中国高度统一和各民族空前团结，彻底结束了旧中国半殖民地半封建社会的历史，彻底结束了旧中国一盘散沙的局面，彻底废除了外国列强强加给中国的不平等条约和帝国主义在中国的一切特权。

新中国成立后，中国共产党带领人民，在迅速医治战争创伤、恢复国民经济的基础上，不失时机提出了过渡时期总路线，创造性地完成了由新民主主义革命向社会主义革命的转变，使中国这个占世界四分之一人口的东方大国进入了社会主义社会，成功实现了中国历史上最深刻最伟大的社会变革，并对社会主义建设进行了初步探索。新民主主义革命的胜利，社会主义基本制度的确立，为当代中国一切发展进步奠定了根本政治前提和制度基础。

没有党的领导就没有中国特色社会主义的开创和发展

在领导中国人民建设社会主义的过程中，中国共产党取得了巨大成功，也经历了曲折而艰难的探索。党的十一届三中全会后，中国共产党领导中国人民坚定地走上了改革开放的道路。

改革开放是一场深刻革命，必须坚持正确方向，沿着正确道路推进。改革的目的是要不断推进我国社会主义制度自我完善和发展，赋予社会主义新的生机活力。这里面最核心的是坚持和加强党的领导。

我们坚定不移坚持党的领导，既不走封闭僵化的老路，也不走改旗易帜的邪路，始终坚持解放思想、实事求是、与时俱进、求真务实，坚持马克思主义指导地位不动摇，坚持科学社会主义基本原则不动摇，勇于推进理论创新、实践创新、制度创新、文化创新以及各方面创新，成功开创了中国特色社会主义道路，以不可辩驳的事实彰显了科学社会主义的鲜活生命力。

改革开放的历程不是一帆风顺的，也经历过曲折，经历了风险和考验。历史表明，正是由于有党的坚强领导，由于方向正确、驾驭得当，我们才能成功应对一系列重大风险挑战、克服无数艰难险阻，才能有力应变局、平风波、战洪水、防非典、抗地震、化危机，才能成功把中国特色社会主义推向 21 世纪，成功在新的历史起点上坚持和发展了中国特色社会主义。如果弱化党的领导，甚至放弃党的领导，中国特色社会主义性质就会改变，中国人民接续奋斗取得的伟大成就也会毁于一旦，中国特色社会主义道路、理论、制度、文化将不复存在。在坚持党的领导这个决定党和国家前途命运的重大原则问题上，全党全国必须保持高度的思想自觉、政治自觉、行动自觉，丝毫不能动摇。

没有党的领导就没有中国特色社会主义新时代

当今世界正面临百年未有之大变局，我国进入中华民族伟大复兴的关键时期。能不能在新的历史条件下续写好坚持和发展中国特色社会主义这篇大文章，关键在党，关键在党能否始终成为坚强领导核心。

党的十八大以来，以习近平同志为核心的党中央采取一系列重大措施，全面加强党的领导和党的建设。比如，强化请示报告制度；完善地方党委、党组、党的工作机关实施党的领导的体制机制；建立健全国有企业党委（党组）和农村、事业单位、街道社区等的基层党组织发挥领导作用的制度规定；对深化党和国家机构改革作出部署，着力从机构职能上解决党对一切工作领导的体制机制问题，把党的全面领导落实和体现到各方面各环节，等等。各领域各方面工作，无一不是从加强党的领导抓起，最终落脚在强化党的建设上。经过持续努力，党的创造力、凝聚力、战斗力显著提升，党的团结统一更加巩固，党在革命性锻造中更加坚强，焕发出新的强大生机活力，为党和国家事业发展提供了坚强政治保证。

正是在以习近平同志为核心的党中央坚强领导下，党团结带领全国各族人民，统揽伟大斗争、伟大工程、伟大事业、伟大梦想，统筹推进“五位一体”总体布局和协调推进“四个全面”战略布局，有力应对各种风险挑战，解决了许多长期想解决而没有解决的难题，办成了许多过去想办而没有办成的大事，推动党和国家事业取得历史性成就、发生历史性变革，推动中国特色社会主义进入新时代。

历史是最好的教科书，近代以来的中国历史有力证明：没有中国共产党就没有社会主义的新中国，就没有中国特色社会主义道路的开创和发展，就没有新时代中国特色社会主义的开启。新征程上，我们一定要进一步增强“四个意识”、坚定“四个自信”、做到“两个维护”，在以习近平同志为核心的党中央坚强领导下，为夺取新时代中国特色社会主义伟大胜利、实现中华民族伟大复兴的中国梦继续努力奋斗。

（原载《求是》杂志2020年第14期，署名“中共中央党史和文献研究院”）

铭记伟大胜利，推进伟大事业

——学习习近平总书记在纪念中国人民志愿军抗美援朝出国作战70周年大会上的重要讲话

2020年10月23日，习近平总书记在纪念中国人民志愿军抗美援朝出国作战70周年大会上发表重要讲话，全面回顾总结了抗美援朝战争的伟大胜利和巨大贡献，深刻阐释了抗美援朝精神的历史意义和时代价值，精辟揭示了抗美援朝战争的历史启示，郑重宣示了捍卫国家领土主权和统一、维护地区和世界和平稳定、推动构建人类命运共同体的坚定立场和决心。习近平总书记重要讲话精神，必将极大鼓舞和激励全党全军全国各族人民在新时代继承和弘扬伟大抗美援朝精神，为决胜全面建成小康社会、开启全面建设社会主义现代化国家新征程、夺取新时代中国特色社会主义伟大胜利不懈奋斗。

党和人民永远不会忘记

70年前，中国人民志愿军肩负人民的重托、民族的期望，高举保卫和平、反抗侵略的正义旗帜，雄赳赳、气昂昂，跨过鸭绿江，发扬伟大爱国主义精神和革命英雄主义精神，同朝鲜人民和军队一道，历经两年零9个月艰苦卓绝的浴血奋战，赢得了抗美援朝战争伟大胜利。

“我们始终没有忘记老一辈革命家为维护国际正义、捍卫世界和平、保卫新生共和国所建立的不朽功勋，始终没有忘记党中央和毛泽东同志当年作出中国人民志愿军出国作战重大决策的深远意义”。新中国成立之初，百废待兴，百业待举，中国人民无比渴望和平安宁。但事与愿违，1950年6月25日，朝鲜内战爆发。美国政府从其全球战略和冷战思维出发，作出武装干涉朝鲜内战的决定，并派遣第七舰队侵入台湾海峡。10月初，美军不顾中国政府一再警告，悍然越过三八线，把战火烧到中朝边境，将战争强加在中国人民头上。朝鲜民主主义人民共和国处境危急，新生的中华人民共和国国家安全受到严重威胁。

值此危急关头，朝鲜劳动党和政府请求中国政府出兵支援。敢不敢迎战当时世界上经济实力最雄厚、军事力量最强大的美帝国主义？这对成立刚刚一年的新中国来说，是一个极其严峻的考验。当时，新中国的经济恢复刚刚开始，物资极度匮乏，财政甚为困难。中美两国国力相差悬殊，1950年，美国钢产量是8772万吨，工农业总产值2800亿美元。而当年中国钢产量只有60万吨，工农业总产值只有100亿美元。在军事装备方面，美国拥有包括原子弹在内的大量先进武器和现代化的后勤保障，中国人民解放军基本处于“小米加步枪”的水平，海、空军尚处于初创阶段。

军情十分紧急，压力万分沉重，决策异常艰难。1950年10月上旬，在毛泽东主持下，中共中央书记处和政治局多次召开会议，讨论研究是否应朝鲜请求出兵援助问题。经反复讨论、缜密分析，中共中央认为：朝鲜战争爆发后，我国台湾被美国控制，如果整个朝鲜也被美国占领，那么中国就会处于美国南北夹击的态势下，国家安全就从根本上失去了保障。据此，中央政治局一致得出结论：“应当参战，必须参战。参战利益极大，不参战损害极大”。最终，中国党和政府以非凡气魄和胆略作出抗美援朝、保家卫国的历史性决策。

“我们始终没有忘记谱写了气壮山河英雄赞歌的中国人民志愿军将士，以及所有为这场战争胜利作出贡献的人们”。1950年10月19日，中国人民志愿军在彭德怀司令员兼政治委员率领下进入朝鲜战场。志愿军将士克服路河冰冻、衣被单薄、粮弹缺乏等极端困难，同朝鲜军民密切配合，首战两水洞、激战云山城、会战清川江、鏖战长津湖等，连续进行5次战役，此后又构筑起铜墙铁壁般的纵深防御阵地，实施多次进攻战役，粉碎“绞杀战”、抵御“细菌战”、血战上甘岭，创造了威武雄壮的战争伟业。

抗美援朝战争期间，党中央统揽全局，开展了波澜壮阔的抗美援朝运动。工人们提出“工厂就是战场，机器就是枪炮”的口号，夜以继日生产武器弹药等军需品；广大农民踊跃交售“爱国粮”，全力保障前线物资供给；各阶层人民还开展捐献飞机大炮运动。这一切，都有力支援了志愿军英勇作战，为战争胜利提供了坚强保障。

“我们始终没有忘记在抗美援朝战争中英勇牺牲的烈士们”。抗美援朝战争中，志愿军英雄辈出，被称为“最可爱的人”，涌现出30多万名英雄功臣和近6000个功臣集体，有19万7千多名英雄儿女献出了宝贵生命。其中有抱起炸药包与敌人同归于尽的杨根思，用胸膛堵住敌人火力点的黄继光，被敌人燃烧弹烧身却强忍剧痛一动不动的邱少云，为抢救落入冰河的朝鲜少年而牺牲的罗盛教……

天地英雄气，千秋尚凛然。一个有希望的民族不能没有英雄，一个有前途的国家不能没有先锋。在每一个为国捐躯的烈士们背后，都有一段值得永远铭记的英勇故事；在每一个热烈燃烧的忠魂之中，都蕴藏着一股不屈不挠的民族精神。烈士们的功绩彪炳千秋，烈士们的英名万古流芳！

屹立于世界东方的宣言书、走向伟大复兴的重要里程碑

伟大的抗美援朝战争，抵御了帝国主义侵略扩张，

捍卫了新中国安全，保卫了中国人民和平生活，稳定了朝鲜半岛局势，维护了亚洲和世界和平。抗美援朝战争伟大胜利，“是中国人民站起来后屹立于世界东方的宣言书，是中华民族走向伟大复兴的重要里程碑，对中国和世界都有着重大而深远的意义”。

“经此一战，中国人民粉碎了侵略者陈兵国门、进而将新中国扼杀在摇篮之中的图谋，可谓‘打得一拳开，免得百拳来’，帝国主义再也不敢作出武力进犯新中国的尝试，新中国真正站稳了脚跟。”中国人民抗日战争结束后，美国企图扶植蒋介石继续维护其专制统治。但中国共产党领导的人民革命的胜利，中华人民共和国的成立，粉碎了美帝国主义的幻想。美国在政治上遏制和孤立中国，在经济上对中国进行封锁和禁运，在军事上支持败逃到台湾的国民党当局，企图将新生的中华人民共和国扼杀在摇篮里。抗美援朝战争成为新中国与美国互为主要对手进行的一场军事、政治、经济、外交的全面较量，是中国人民反对帝国主义的长期斗争在新中国成立的历史条件下的继续。这场战争的胜利，使美帝国主义从此不敢轻易地进行欺侮和侵犯中国的尝试，新中国的经济建设和社会改革获得了一个相对稳定的和平环境。正如习近平总书记所说，这一战，拼来了山河无恙、家国安宁，充分展示了中国人民不畏强暴的钢铁意志！

“经此一战，中国人民彻底扫除了近代以来任人宰

割、仰人鼻息的百年耻辱，彻底扔掉了‘东亚病夫’的帽子，中国人民真正扬眉吐气了。”近代以来，中国人民进行了一系列反抗西方列强侵略的不屈不挠的斗争，但是，这些斗争由于各种原因，最终都失败了。1945 年抗日战争的伟大胜利，成为中华民族从近代以来陷入深重危机走向伟大复兴的历史转折点。1949 年中华人民共和国的成立，彻底改变了近代以后 100 多年中国积贫积弱、受人欺凌的悲惨命运，中华民族走上了实现伟大复兴的壮阔道路。但“美帝国主义退出中国大陆，被赶出中国大陆，它是不会就此甘心的，必然要和我们较量”。美国武装干涉朝鲜内战并武装侵略中国台湾，把战火烧到中国边境。中国人民以大无畏的英雄气概起而应战。抗美援朝战争取得胜利的事实证明，一个觉醒了的、敢于为祖国光荣、独立和安全而奋起战斗的民族是不可战胜的。正如习近平总书记所说，这一战，打出了中国人民的精气神，充分展示了中国人民万众一心的顽强品格！

“经此一战，中国人民打败了侵略者，震动了全世界，奠定了新中国在亚洲和国际事务中的重要地位，彰显了新中国的大国地位。”抗美援朝战争打出了新中国的国威，使新中国的国际地位和国际威望空前提高。包括美国、苏联在内的世界各国都感到必须重新估计中国在亚洲和世界事务中的地位和分量。1954 年，中华人民共和国首次以五大国之一的身份参加讨论国际问题的日内瓦会议，在推动会议达成恢复印度支那和平的协议问题上发挥了至关重要的作用。在 1955 年的万隆会议上，中国推动会议公报形成了和平共处、友好合作的十项原则，使中国倡导的和平共处五项原则得到体现和引申。正如习近平总书记所说，这一战，让全世界对中国刮目相看，充分展示了中国人民维护世界和平的坚定决心！

“经此一战，人民军队在战争中学习战争，愈战愈勇，越打越强，取得了重要军事经验，实现了由单一军种向诸军兵种合成军队转变，极大促进了国防和军队现代化。”中央军委系统总结抗美援朝战争中同高度现代化的美军作战的经验，推动人民解放军适应现代化战争的要求，建立起正规化、现代化的革命军队。在原有陆军基础上组建了空军、海军、防空军、公安军等军种，以及炮兵、装甲兵、工程兵、铁道兵、通信兵、防化兵等各兵种的领导机关及其所属部队，人民解放军初步发展成一支军兵种较为齐全的部队；创办了军事学院和一批各军兵种的高等院校，成立了军事科学院；颁布了一系列法规、条令，提高了全军的组织性、计划性和纪律性；加强国防工业建设，不但使我国常规武器生产具备了一定规模，还及时作出发展原子能事业、研制原子弹的决定，推动我国国防现代化建设进入了一个新的历史时期。正如习近平总书记所说，这一战，人民军队战斗力威震世界，充分展示了敢打必胜的血性铁骨！

“经此一战，第二次世界大战结束后亚洲乃至世界的战略格局得到深刻塑造，全世界被压迫民族和人民争取民族独立和人民解放的正义事业受到极大鼓舞，有力推动了世界和平与人类进步事业。”第二次世界大战结束后，世界形成以美国为首的资本主义阵营和以苏联为首的社会主义阵营。朝鲜战争是二战结束后发生的第一场大规模的国际性局部战争，时间较长，参战国家很多，实际是当时东西方两大阵营的一次严重对抗。抗美援朝战争的胜利，顶住了美国侵略扩张的势头，极大推进了世界和平与人类进步事业。它用铁一般的事实告诉世人，任何一个国家、任何一支军队，不论多么强大，如果站在世界发展潮流的对立面，恃强凌弱、倒行逆施、侵略扩张，必然会碰得头破血流。正如习近平总书记所说，这一战，再次证明正义必定战胜强权，和平发展是不可阻挡的历史潮流！

永续传承、世代发扬伟大抗美援朝精神

习近平总书记在讲话中深情礼赞了伟大抗美援朝精神：在波澜壮阔的抗美援朝战争中，英雄的中国人民志愿军始终发扬祖国和人民利益高于一切、为了祖国和民族的尊严而奋不顾身的爱国主义精神，英勇顽强、舍生

忘死的革命英雄主义精神，不畏艰难困苦、始终保持高昂士气的革命乐观主义精神，为完成祖国和人民赋予的使命、慷慨奉献自己一切的革命忠诚精神，为了人类和平与正义事业而奋斗的国际主义精神。伟大抗美援朝精神，是中国共产党人和人民军队崇高风范的生动写照，是中华民族传统美德和民族品格的集中展示，是以爱国主义为核心的民族精神的具体体现。这种精神跨越时空、历久弥新，必须永续传承、世代发扬。

“**无论时代如何发展，我们都要砥砺不畏强暴、反抗强权的民族风骨**。”近代以来，饱经磨难的中国人民为了实现中华民族伟大复兴，发起了一次次顽强抗争。无数仁人志士为了民族复兴和国家富强，表现出大义凛然、宁折不弯的崇高气节。从杨靖宇、左权、彭雪枫到杨根思、黄继光、邱少云，这些英雄烈士，用他们顽强不屈的斗争，用侵略者听得懂的语言，以战止战、以武止戈，用胜利赢得了和平、赢得了尊重。中国人民不惹事也不怕事，在任何困难和风险面前，腿肚子不会抖，腰杆子不会弯，中华民族是吓不倒、压不垮的！

“**无论时代如何发展，我们都要汇聚万众一心、勠力同心的民族力量**。”抗美援朝战争中，志愿军空军、高射炮兵、铁道兵、工兵、后勤部队及在后方休整的各兵团协同作战，顽强进行反轰炸、反“绞杀战”斗争。全国广泛开展仇视、蔑视、鄙视美帝国主义的“三视教育”，激发全国人民团结一致、同仇敌忾，积极为抗美援朝战争贡献力量。全国掀起参军热潮，父母送子女、妻子送丈夫、兄弟争相入伍，成千上万的祖国优秀儿女奔赴朝鲜战场。各阶层人民的革命热情和生产积极性被极大地鼓舞起来，让世界见证了蕴含在中国人民之中的磅礴力量。面对前进道路上的各种风险挑战，我们要让侵略者知道，“现在中国人民已经组织起来了，是惹不得的。如果惹翻了，是不好办的”！

“无论时代如何发展，我们都要锻造舍生忘死、向死而生的民族血性。”在朝鲜战场上，志愿军将士面对强大而凶狠的敌人，身处恶劣而残酷的战场环境，以“钢少气多”力克“钢多气少”，谱写了惊天地、泣鬼神的雄壮史诗。长津湖战役中，志愿军官兵在零下40多度的严寒中顽强坚守，宁肯被冻成冰雕也不撤出阵地。上甘岭战役中，志愿军战士胡修道在战友全部伤亡的情况下，一个人英勇作战，从上午打到黄昏，打退了敌人41次冲锋，歼敌280余人，在后续力量的增援下，守住了阵地。今天，面对新时代强国强军的艰巨任务，我们要加强战斗精神培育，发扬一不怕苦、二不怕死的精神，做敢于斗争、善于斗争的战士，召之即来、来之能战、战之必胜。

“无论时代如何发展，我们都要激发守正创新、奋勇向前的民族智慧。”勇于创新者进，善于创造者胜。

志愿军将士“不相信有完不成的任务，不相信有克服不了的困难，不相信有战胜不了的敌人”，坚持“你打你的，我打我的”，扬长避短，根据自身装备特点和作战能力确定打法。实行轮番作战、轮换作战方针，创造了“零敲牛皮糖”等新战术，建立起打不烂、炸不断的钢铁运输线，创造了依靠劣势装备打赢现代战争的一系列新经验、新战术、新战法，把灵活机动的战略战术发挥得淋漓尽致。中华民族伟大复兴，绝不是轻轻松松、敲锣打鼓就能实现的，实现伟大梦想必须进行伟大斗争。在前进道路上我们面临的风险考验只会越来越复杂，甚至会遇到难以想象的惊涛骇浪。面对来自各方面的风险挑战，面对各种阻力压力，我们要逢山开路、遇水架桥，展现大智大勇、锐意开拓进取，“杀出一条血路”！

从历史中汲取奋勇前进的磅礴力量

抗美援朝战争的硝烟并未远去，世界和平与安全的威胁依然存在，前进道路不会一帆风顺。我们要按照习近平总书记的要求，铭记抗美援朝战争的艰辛历程和伟大胜利，敢于斗争、善于斗争，知难而进、坚韧向前，把新时代中国特色社会主义伟大事业不断推向前进。

“铭记伟大胜利，推进伟大事业，必须坚持中国共产党领导，把党锻造得更加坚强有力。”抗美援朝战争中，党中央和中央军委不断根据军情变化调整作战指导方针。志愿军出动前，中央军委确定初期作战方针是以打防御战为主，先站稳脚跟。志愿军入朝后，中央军委、志愿军总部又果断调整作战方针，在运动中歼敌，争取主动，打出了战争的有利形势。中国共产党在谋划和指挥抗美援朝战争的同时，积累起全国执政的丰富经验，展示出高超的领导艺术和驾驭复杂局面的能力。实现中华民族伟大复兴，最根本的保证是党的领导。我们要按照习近平总书记的要求，不忘初心、牢记使命，以自我革命精神全面推进党的建设新的伟大工程，使党始终成为中国人民最可靠、最坚强的主心骨。

“铭记伟大胜利，推进伟大事业，必须坚持以人民为中心，一切为了人民、一切依靠人民。”历史是人民创造的。中国共产党根基在人民，血脉在人民。抗美援朝战争的伟大胜利，是正义的胜利、和平的胜利、人民的胜利。毛泽东曾经说过，抗美援朝战争的胜利，“领导是一个因素，而最主要的因素是群众想办法”，“因为我们的战争是人民战争，全国人民支援”。今天，中国特色社会主义进入新时代，要按照习近平总书记的要求，一切为了人民，一切依靠人民，始终坚持人民立场、人民至上，把人民对美好生活的向往作为始终不渝的奋斗目标，始终保持党同人民群众的血肉联系，不断书写中华民族伟大复兴的精彩华章。

“铭记伟大胜利，推进伟大事业，必须坚持推进经济社会发展，不断壮大我国综合国力。”发展是人类社会永恒的主题，是解决中国所有问题的关键。抗美援朝战争中，党中央对国内建设及军事战略部署进行了全面调整，确定了“边打、边稳、边建”的工作方针，既保证了战争需要，又兼顾国内建设有效恢复。1950年11月，中央财政经济委员会确定了“国防第一，稳定市场第二，其他（带投资性的支出）第三”的1951年财经工作方针。1951年2月，毛泽东又提出“三年准备、十年计划经济建设”的思想。1953年，抗美援朝战争还未结束，“一五”计划即如期开始实施。当前，面对新机遇新挑战，要按照习近平总书记的要求，统筹推进“五位一体”总体布局，协调推进“四个全面”战略布局，坚定不移贯彻新发展理念，构建新发展格局，实现更高质量、更有效率、更加公平、更可持续、更为安全的发展，不断创造让世界惊叹的更大奇迹。

“铭记伟大胜利，推进伟大事业，必须加快推进国防和军队现代化，把人民军队全面建成世界一流军队。”强国必须强军，军强才能国安。人民军队永远是战斗队，人民军队的生命力在于战斗力。抗美援朝战争中，在敌我双方经济力量和军队武器对比悬殊、极不对称的情况下，我军经受了现代战争的洗礼，锻炼出一大批适应现代战争需要的军事人才，通过这场战争，人民军队建设进入一个新的发展阶段。坚持和发展中国特色社会主义，必须统筹发展和安全、富国和强军。要按照习近平总书记的要求，贯彻新时代党的强军思想，贯彻新时代军事战略方针，毫不动摇坚持党对人民军队的绝对领导，坚持政治建军、改革强军、科技强军、人才强军、依法治军，全面提高捍卫国家主权、安全、发展利益的战略能力，更好履行新时代人民军队使命任务。

“铭记伟大胜利，推进伟大事业，必须维护世界和平和正义，推动构建人类命运共同体。”中华民族历来秉持“亲仁善邻”的理念。抗美援朝战争的胜利，推进了世界和平与人类进步事业。作为负责任大国，中国坚持共商共建共享的全球治理观，坚定不移走和平发展、开放发展、合作发展、共同发展道路。抗美援朝战争历史充分证明，任何单边主义、保护主义、极端利己主义，任何讹诈、封锁、极限施压的方式，任何我行我素、唯我独尊的行径，任何搞霸权、霸道、霸凌的行径，都是根本行不通的，最终必然是死路一条。要按照习近平总书记的要求，坚持走和平发展道路，同各国人民一道推动构建人类命运共同体，迎接人类和平与发展的美好未来。

今天，世界正处于百年未有之大变局，我们正站在实现“两个一百年”奋斗目标的历史交汇点上。回望70年前伟大的抗美援朝战争，瞻望中华民族伟大复兴的光明前景，我们无比坚定、无比自信。

（原载《求是》杂志 2020 年第 21 期，署名“中共中央党史和文献研究院”）

科学回答人类前途命运的中国智慧中国方案

推动构建人类命运共同体,建设持久和平、普遍安全、共同繁荣、开放包容、清洁美丽的世界，是习近平总书记以大国领袖的责任担当，站在人类历史发展进程的高度，统筹中华民族伟大复兴战略全局和世界百年未有之大变局，深入思考“建设一个什么样的世界、如何建设这个世界”等关乎人类前途命运重大课题过程中，提出的重要新理念，构成了习近平外交思想的核心和精髓。准确把握这一重要理念形成的历史背景及其科学内涵、精神实质、实践要求和重大意义等，对于我们深入学习领会贯彻习近平新时代中国特色社会主义思想，努力开创中国特色大国外交新局面，具有十分重要的意义。

在深入思考人类前途命运这一重大问题的过程中，形成构建人类命运共同体理念和一系列政策主张

人类命运共同体，顾名思义，就是世界上每个民族、每个国家的前途命运都紧紧联系在一起，应该风雨同舟，

荣辱与共，努力把我们生于斯、长于斯的这个星球建成一个和睦的大家庭，把世界各国人民对美好生活的向往变成现实。

2013年3月，习近平总书记在俄罗斯莫斯科国际关系学院的演讲中，首次提出了这一理念，他指出："这个世界，各国相互联系、相互依存的程度空前加深，人类生活在同一个地球村里，生活在历史和现实交汇的同一个时空里，越来越成为你中有我、我中有你的命运共同体。"一个月后，在博鳌亚洲论坛年会上，他继续阐发这一理念，提出了牢固树立命运共同体意识的正确方向：勇于变革创新，为促进共同发展提供不竭动力；同心维护和平，为促进共同发展提供安全保障；着力推进合作，为促进共同发展提供有效途径；坚持开放包容，为促进共同发展提供广阔空间。2014年3月，习近平总书记在联合国教科文组织总部发表演讲时，从文明交流互鉴的角度进一步指出："当今世界，人类生活在不同文化、种族、肤色、宗教和不同社会制度所组成的世界里，各国人民形成了你中有我、我中有你的命运共同体。"2015年9月，习近平总书记在第七十届联合国大会一般性辩论时的讲话中，初步系统阐述了构建人类命运共同体的科学内涵，即"建立平等相待、互商互谅的伙伴关系"，"营造公道正义、共建共享的安全格局"，"谋求开放创新、包容互惠的发展前景"，"促进和而不同、兼收并蓄的文明交流”，“构筑尊崇自然、绿色发展的生态体系”。

这一阶段，习近平总书记围绕推动构建人类命运共同体，对中国与世界的关系、中国走和平发展道路的自觉与自信、建设一个什么样的世界、如何建设这个世界、积极发展全球伙伴关系、推进“一带一路”建设等问题进行了系统阐述，初步回答了为什么要推动构建人类命运共同体以及怎样推动构建人类命运共同体的一系列基本问题，集中体现了习近平总书记对中国和人类前途命运的深邃思考。

实现中华民族伟大复兴的中国梦，必须正确把握当代世界的主题和中国与世界的关系。和平与发展的时代主题是提出构建人类命运共同体的背景，也是其出发点和落脚点。当今世界，各国相互联系、相互依存的程度空前加深，面对这一潮流，每一个国家、每一个民族都必须重新思考和回答与世界的关系问题。中国已经进入了实现中华民族伟大复兴的关键阶段，认清世界发展大势，跟上时代潮流尤为重要。习近平总书记强调，要树立世界眼光，更好把国内发展与对外开放统一起来，把中国发展与世界发展联系起来，把中国人民利益同各国人民共同利益结合起来，不断扩大同各国的互利合作，以更加积极的姿态参与国际事务，共同应对全球性挑战，努力为全球发展作出贡献。这清楚地表明，推动构建人类命运共同体不是外交辞令，而是实现中国梦的内在要求，是中国特色社会主义的应有之义，鲜明体现了当代中国共产党人的全球视野。

随着中国快速发展和综合国力日益增强，国际上有些人担心中国会走“国强必霸”的路子，一些人提出了所谓的“中国威胁论”。这些论调的产生，一些是出于对中国的无知或误读，一些是出于焦虑，一些则是出于根深蒂固的偏见。中国如何发展、中国发展起来了将是一个什么样的国家，成为我们在民族复兴道路上必须回答的问题。习近平总书记在不同场合回应这个问题，提出并不断深化对构建人类命运共同体的认识。他强调“中国人民不接受‘国强必霸’的逻辑，愿意同世界各国人民和睦相处、和谐发展，共谋和平、共护和平、共享和平”，“中国人民为实现中国梦的努力，将为世界带来极大的机遇”，“中国将积极承担更多国际责任，同世界各国共同维护人类良知和国际公理，在世界和地区事务中主持公道、伸张正义，更加积极有为地参与热点问题的解决，既通过维护世界和平来发展自己，又以自身发展促进世界和平”。通过构建人类命运共同体，用合作共赢的新思路代替“零和博弈”和“赢者通吃、你输我赢”的旧思路，把中国人民的梦想同各国人民的梦想更加紧密地联系在了一起。

在提出构建人类命运共同体理念的同时，习近平总书记创造性地提出“一带一路”倡议并努力推动建设，为构建人类命运共同体打造重要实践平台。2013 年，习近平总书记访问哈萨克斯坦和印度尼西亚时，分别提出建设丝绸之路经济带和 21 世纪海上丝绸之路合作倡议。为了推动这一倡议变成实践，他还提出筹建亚洲基础设施投资银行的倡议并代表中国政府宣布出资 400 亿美元成立丝路基金，体现了中国与世界共同发展的坚定意志。“一带一路”建设不是空洞的口号，而是看得见、摸得着的实际举措，将给地区国家带来实实在在的利益。习近平总书记指出：要乘势而上、顺势而为，将“一带一路”建成和平之路、繁荣之路、开放之路、创新之路、文明之路，打造成为顺应经济全球化潮流的最广泛国际合作平台。

在习近平总书记亲自部署和推动下，在有关各方共同努力下，“一带一路”建设迈出实质性步伐，不断走深走实、行稳致远、高质量发展，向世界展现了构建人类命运共同体的广阔前景，为构建人类命运共同体注入强劲动力。

科学回答“世界之问、时代之问”，进一步系统、深刻阐述构建人类命运共同体理念的科学内涵，使这一重大理念更加丰富、完善，日益深入人心

在初步系统阐述构建人类命运共同体理念的科学内

涵之后，习近平总书记继续深入思考和不断完善这一重要理念。

2015 年 10 月，习近平总书记在英国伦敦金融城市长晚宴上发表演讲，从“为促进世界经济增长和完善全球治理贡献中国智慧、中国力量”的高度阐述了构建人类命运共同体的初衷。他指出：“中国的发展得益于国际社会，也必将回馈国际大家庭。中国一直是国际合作的倡导者和国际多边主义的积极参与者，将坚定不移奉行互利共赢的开放战略。随着中国实力上升，我们将逐步承担更多力所能及的责任，努力为促进世界经济增长和完善全球治理贡献中国智慧、中国力量。中国的发展不会牺牲别国利益，只会增进共同利益。”同年 11 月，他在气候变化巴黎大会开幕式上的讲话中，深入剖析了应对气候变化的全球努力给推动人类命运共同体建设带来的启示。他指出：“面对全球性挑战，各国应该加强对话，交流学习最佳实践，取长补短，在相互借鉴中实现共同发展，惠及全体人民。同时，要倡导和而不同，允许各国寻找最适合本国国情的应对之策。”2016年9月，习近平总书记在杭州召开的二十国集团工商峰会开幕式上的主旨演讲中，继续阐发这一理念。他指出，“中国的发展得益于国际社会，也愿为国际社会提供更多公共产品”，“中国倡导的新机制新倡议，不是为了另起炉灶，更不是为了针对谁，而是对现有国际机制的有益补充和完善，目标是实现合作共赢、共同发展”。也就是说，中国对外开放，不是要一家唱独角戏，而是要欢迎各方共同参与；不是要谋求势力范围，而是要支持各国共同发展；不是要营造自己的后花园，而是要建设各国共享的百花园。

2017 年 1 月，习近平总书记在联合国日内瓦总部的演讲中，详细阐释了人类命运共同体理念的提出动因、愿景与实施路径。他在演讲一开始就提出了著名的“世界之问、时代之问”：“当今世界充满不确定性，人们对未来既寄予期待又感到困惑。世界怎么了、我们怎么办？这是整个世界都在思考的问题，也是我一直在思考的问题”。他回顾了 100 多年来人类取得的发展进步、遭受的劫难、最殷切的诉求，指出人类正处在大发展大变革大调整时期，也正处在一个挑战层出不穷、风险日益增多的时代，强调“让和平的薪火代代相传，让发展的动力源源不断，让文明的光芒熠熠生辉，是各国人民的期待，也是我们这一代政治家应有的担当。中国方案是：构建人类命运共同体，实现共赢共享”。在这次演讲中，习近平总书记从“坚持对话协商，建设一个持久和平的世界”，“坚持共建共享，建设一个普遍安全的世界”，“坚持合作共赢，建设一个共同繁荣的世界”，“坚持交流互鉴，建设一个开放包容的世界”，“坚持绿色低碳，建设一个清洁美丽的世界”5 个方面提出了通向人类命运共同体的前进路径。

习近平总书记深刻阐述的构建人类命运共同体理念，既承载着中国对建设美好世界的不懈追求，也反映了各国人民对世界新秩序的美好期待，受到国际社会特别是广大发展中国家的普遍欢迎和广泛支持。随后一段时间，这一理念相继被写入一系列国际性文献。2017 年 2 月 10 日，这一理念写入联合国社会发展委员会“非洲发展新伙伴关系的社会层面决议”；3 月 17 日，写入联合国安理会关于阿富汗问题的第 2344 号决议；3 月 23 日，写入联合国人权理事会关于“经济、社会、文化权利”和“粮食权”两个决议；11 月 2 日，写入联大“防止外空军备竞赛进一步切实措施”和“不首先在外空放置武器”两份安全决议……这表明，构建人类命运共同体理念已经得到国际社会广泛认可。这一理念，汇聚了世界各国人民向往和平、发展、繁荣的最大公约数，为世界更好发展指明了前进方向，奉献了中国智慧，提供了中国方案。

在 2017 年 10 月召开的党的十九大上，推动构建人类命运共同体作为习近平新时代中国特色社会主义思想“八个明确”的重要内容，作为新时代坚持和发展中国特色社会主义基本方略中的一条，成为中国引领时代潮流和人类文明进步方向的鲜明旗帜。十九大报告的第十二部分以“坚持和平发展道路，推动构建人类命运共同体”为题，系统阐述了人类命运共同体理念丰富而深刻的内涵及其时代价值。2018 年 3 月，第十三届全国人民代表大会第一次会议将推动构建人类命运共同体写进《中华人民共和国宪法修正案》，进一步将其上升为国家意志。

习近平总书记提出的构建人类命运共同体理念，站在人类前途命运的高度，统筹国内国际两个大局，体现了新时代的中国致力于为世界和平与发展作出更大贡献的大国担当和崇高使命，体现了中国共产党、中国政府和中国人民推动构建人类命运共同体、推进人类发展和实现世界美好前途的真诚愿望和坚定决心。

抗击新冠肺炎疫情斗争充分证明：构建人类命运共同体是应对人类共同挑战、建设更加繁荣美好世界的人间正道

构建人类命运共同体是中国为应对全球性挑战、改革和完善全球治理提出的系统性解决方案。

党的十九大以后，习近平总书记继续深入阐述人类命运共同体的构建路径：在上海合作组织成员国元首理事会第二十次会议上，首次在上海合作组织框架内提出构建“卫生健康共同体”、“安全共同体”、“发展共同体”、“人文共同体”的重大倡议；在亚太经合组织第二十七次领导人非正式会议上，首次系统阐述构建开

放包容、创新增长、互联互通、合作共赢的亚太命运共同体。总书记还在多个国内外场合提出构建“网络空间命运共同体”、“核安全命运共同体”、“海洋命运共同体”、“人类卫生健康共同体”等重要倡议，使“人类命运共同体”内涵更加清晰具体。同时，中国推出了一系列务实举措，推动构建人类命运共同体进一步从理念转化为行动。从坚定维护多边主义到合力应对气候变化，从高质量共建“一带一路”到引领全球减贫合作，中国的实际行动使得“构建人类命运共同体”这一“思想之树”结出了丰硕果实。

一场突如其来的新冠肺炎疫情，更以特殊形式验证了构建人类命运共同体的重大意义。面对这场百年来全球发生的最严重的传染病大流行，人类只有一条正确道路，那就是习近平总书记所指出的，朝着构建人类命运共同体目标向前迈进。在抗击疫情过程中，中国站在历史正确的一边，始终坚持做世界和平的建设者、全球发展的贡献者、国际秩序的维护者。习近平总书记先后同几十位外国领导人和国际组织负责人会谈、通电话或视频会见，出席二十国集团领导人特别峰会、第七十三届世界卫生大会视频会议、中非团结抗疫特别峰会、第七十五届联合国大会和亚太经合组织工商领导人对话会等，阐述推动构建人类命运共同体的重要性和必要性。

中国始终本着公开、透明、负责任的态度，积极履行国际义务，第一时间向世界卫生组织、有关国家和地区组织主动通报疫情信息，第一时间发布新冠病毒基因序列等信息，第一时间公布诊疗方案和防控方案，毫无保留同各方分享防控和救治经验；在自身疫情防控面临巨大压力的情况下，发起新中国成立以来援助时间最集中、涉及范围最广的紧急人道主义行动，发挥全球抗疫物资最大供应国作用，以实际行动帮助挽救了全球成千上万人的生命；承诺新冠疫苗研发完成并投入使用后将作为全球公共产品，为实现疫苗在发展中国家的可及性和可担负性作出中国贡献；在中非合作论坛框架下免除有关非洲国家截至2020年底到期对华无息贷款债务，加大对疫情特别重、压力特别大的非洲国家的支持力度……这一切都生动诠释了中国推动构建人类命运共同体的大国担当。

在以习近平同志为核心的党中央坚强领导下，中国率先控制疫情，率先复工复产，率先实现经济增长由负转正。这些成绩为全球战胜当前危机提供了可以借鉴的方案和路径，也推动人类命运共同体理念更加深入人心。

新冠肺炎疫情加速了国际格局调整。世界经济深度衰退，全球产业链、供应链遭受冲击，治理赤字、信任赤字、发展赤字、和平赤字仍在扩大；单边主义、保护主义、霸凌行径上升，经济全球化遭遇逆流，加剧了世界经济中的风险和不确定性。面对各种复杂严峻的挑战，人类比任何时候都更需要加强合作，共克时艰，携手前行。

疫情凸显了全球治理存在的短板，国际社会都很关心后疫情时代的国际秩序和全球治理。习近平总书记在二十国集团领导人第十五次峰会第一阶段会议上的讲话中指出："应该遵循共商共建共享原则，坚持多边主义，坚持开放包容，坚持互利合作，坚持与时俱进"。他提出，要加强以联合国为核心的国际体系。各方应该坚定维护联合国权威和地位，恪守联合国宪章宗旨和原则，维护以国际法为基础的国际秩序。要完善经济全球化的治理架构。要坚定维护以规则为基础、透明、非歧视、开放、包容的多边贸易体制，支持世界贸易组织改革，增强其有效性和权威性，促进自由贸易，反对单边主义和保护主义，维护公平竞争，保障发展中国家发展权益和空间。要提高应对全球性挑战的能力。当前，最紧迫的任务是加强全球公共卫生体系，防控新冠肺炎疫情和其他传染性疾病。要加大生态环境领域国际合作力度，保护好地球这个我们赖以生存的共同家园。

习近平总书记关于推动构建人类命运共同体的一系列重要论述，是把马克思主义关于世界历史的思想与世界百年未有之大变局、我国外交具体实践相结合的科学理论结晶，顺应了和平、发展、合作、共赢的时代潮流，有力引领中国特色大国外交理论与实践创新，为人类社会实现共同发展、持续繁荣、长治久安绘制了蓝图，体现了中国将自身发展与世界发展相统一的全球视野、世界胸怀和大国担当。

构建人类命运共同体是一个历史过程，不可能一蹴而就，也不可能一帆风顺，需要付出长期艰苦的努力。为了构建人类命运共同体，我们应该锲而不舍、驰而不息进行努力，不能因现实复杂而放弃梦想，也不能因理想遥远而放弃追求。只要各方树立人类命运共同体理念，一起来规划，一起来实践，一点一滴坚持努力，日积月累不懈奋斗，构建人类命运共同体的目标就一定能够实现。

（原载《求是》杂志 2021 年第 1 期，署名“中共中央党史和文献研究院”）

新时代党的宣传思想工作的根本遵循

——学习习近平《论党的宣传思想工作》

党的十八大以来，以习近平同志为核心的党中央把宣传思想工作摆在全局工作的重要位置，作出一系列重大决策，实施一系列重大举措，党的理论创新全面推进，中国特色社会主义和中国梦深入人心，社会主义核心价值观和中华优秀传统文化广泛弘扬，主流思想舆论不断巩固壮大，文化自信得到彰显，国家文化软实力和中华文化影响力大幅提升，全党全社会思想上的团结统一更加巩固。习近平总书记围绕党的宣传思想工作发表了一系列重要论述，提出了一系列新思想新观点新论断，为做好新时代党的宣传思想工作提供了根本遵循。习近平《论党的宣传思想工作》一书，收入习近平总书记有关重要文稿52篇，其中部分文稿是首次公开发表。认真学习这些重要论述，对于推动党的宣传思想工作更好承担起举旗帜、聚民心、育新人、兴文化、展形象的使命任务，建设社会主义文化强国，具有十分重要的意义。

坚持党对意识形态工作的领导权

新时代做好意识形态工作，必须坚持和加强党对意识形态工作的全面领导，把意识形态工作领导权牢牢抓在手里，更好巩固和发展主流意识形态，不断增强意识形态领域主导权和话语权，不断坚定广大干部群众的道路自信、理论自信、制度自信、文化自信，不断提升全党全国各族人民凝聚力、向心力。这部专题文集集中反映了习近平总书记对这个问题的深邃思考和精辟论述。

充分认识新时代党的宣传思想工作的重要性。当前，社会上思想活跃、观念碰撞，互联网等新技术新媒介日新月异，我们党要团结带领人民实现党的战略目标，夺取中国特色社会主义新胜利，更加需要坚定自信、鼓舞斗志，更加需要同心同德、团结奋斗。习近平总书记指出，我们要审时度势、因势利导，创新内容和载体，改进方式和方法，使精神文明建设始终充满生机活力。我们必须把人民对美好生活的向往作为我们的奋斗目标，既解决实际问题又解决思想问题，更好强信心、聚民心、暖人心、筑同心。我们必须既积极主动阐释好中国道路、中国特色，又有效维护我国政治安全和文化安全。我们必须坚持以立为本、立破并举，不断增强社会主义意识形态的凝聚力和引领力。我们必须科学认识网络传播规律，提高用网治网水平，使互联网这个最大变量变成事业发展的最大增量。要在基础性、战略性工作上下功夫，在关键处、要害处下功夫，在工作质量和水平上下功夫，为服务党和国家事业全局作出更大贡献。

牢牢掌握意识形态工作领导权。意识形态工作是党的一项极端重要的工作。历史和现实都警示我们，思想舆论阵地一旦被突破，其他防线就很难守得住。新形势下，意识形态领域斗争复杂尖锐。习近平总书记指出，必须把意识形态工作的领导权、管理权、话语权牢牢掌握在手中，任何时候都不能旁落，否则就要犯无可挽回的历史性错误。所有宣传思想部门和单位，所有宣传思想战线上的党员、干部都要旗帜鲜明坚持党性原则。坚持党性，核心就是坚持正确政治方向，站稳政治立场，坚定宣传党的理论和路线方针政策，坚定宣传中央重大工作部署，坚定宣传中央关于形势的重大分析判断，坚决同党中央保持高度一致，坚决维护中央权威。党和政府的宣传阵地，必须姓党，必须抓在党的手里，必须成为党和人民的喉舌。习近平总书记指出，各级党委要负起政治责任和领导责任，旗帜鲜明坚持党管宣传、党管意识形态，加强对宣传思想领域重大问题的分析研判和重大战略性任务的统筹指导，不断提高领导宣传思想工作能力和水平。宣传思想干部要不断掌握新知识、熟悉新领域、开拓新视野，不断增强脚力、眼力、脑力、笔力，做到政治过硬、本领高强、求实创新、能打胜仗。

坚持用习近平新时代中国特色社会主义思想武装全党、教育人民。回顾党的奋斗历程可以发现，我们党之所以能够不断历经艰难困苦创造新的辉煌，很重要的一条就是我们党始终重视思想建党、理论强党，坚持用科学理论武装广大党员、干部的头脑，使全党始终保持统一的思想、坚定的意志、强大的战斗力。习近平总书记在党的十九届一中全会上指出，在新时代的征程上，全党同志一定要弘扬理论联系实际的学风，紧密联系党和国家事业发生的历史性变革，紧密联系中国特色社会主义进入新时代的新实际，紧密联系我国社会主要矛盾的重大变化，紧密联系“两个一百年”奋斗目标和各项任务，自觉运用理论指导实践，把党的科学理论转化为万众一心推动实现“两个一百年”奋斗目标、实现中华民族伟大复兴中国梦的强大力量。在“不忘初心、牢记使命”主题教育总结大会等会议上，习近平总书记强调，要把学习贯彻党的创新理论作为思想武装的重中之重，同学习马克思主义基本原理贯通起来，同学习党史、新中国史、改革开放史、社会主义发展史结合起来，同新时代我们进行伟大斗争、建设伟大工程、推进伟大事业、实现伟大梦想的丰富实践联系起来，在解放思想中统一思想，在深化认识中提高认识，切实增强贯彻落实的思想自觉和行动自觉。

坚持宣传思想工作“两个巩固”的根本任务。宣传思想工作就是要巩固马克思主义在意识形态领域的指导地位，巩固全党全国人民团结奋斗的共同思想基础。在全国宣传思想工作会议、全国党校工作会议、哲学社会科学工作座谈会等会议上，习近平总书记反复强调，马克思主义是我们立党立国的根本指导思想。在坚持马克思主义指导地位这一根本问题上，我们必须坚定不移，任何时候任何情况下都不能有丝毫动摇。习近平总书记指出，学习马克思主义基本理论是共产党人的必修课。全党都要把系统掌握马克思主义基本理论作为看家本领，把读马克思主义经典、悟马克思主义原理当作一种生活习惯、当作一种精神追求，用经典涵养正气、淬炼思想、升华境界、指导实践。通过坚持不懈学习，坚定马克思主义、共产主义信仰，学会运用马克思主义立场、观点、方法观察和解决问题，扎扎实实做好每一项工作。面对社会思想观念和价值取向日趋活跃、主流和非主流同时并存、社会思潮纷纭激荡的新形势，要紧紧围绕党的中心工作展开党的思想理论研究，只有把一些重大问题从思想理论上搞清楚、弄明白了，才能做到“视而使之明，听而使之聪，思而使之正”。

坚定文化自信，培育和践行社会主义核心价值观

2014 年 2 月 24 日，习近平总书记在主持十八届中

央政治局第十三次集体学习时提出，要“增强文化自信和价值观自信”。此后，习近平总书记反复强调，增强文化自觉和文化自信，是坚定道路自信、理论自信、制度自信的题中应有之义。2016 年 5 月 17 日在哲学社会科学工作座谈会上，习近平总书记进一步指出，要坚定中国特色社会主义道路自信、理论自信、制度自信，说到底是要坚定文化自信。文化自信是更基本、更深沉、更持久的力量。在庆祝中国共产党成立九十五周年大会的讲话中，习近平总书记再次指出，文化自信，是更基础、更广泛、更深厚的自信。文化是一个国家、一个民族的灵魂。核心价值观是一个民族赖以维系的精神纽带，是一个国家共同的思想道德基础。当前，各种思想文化相互激荡，不同文明交流交融交锋更加频繁。如何提高整合社会思想文化和价值观念的能力，扩大主流价值观念的影响力，掌握价值观念领域的主动权、主导权、话语权，保持民族精神独立性，是必须解决好的重大课题。全书贯穿了习近平总书记对这个问题的深入思考。

文化自信是更基础、更广泛、更深厚的自信，是更基本、更深沉、更持久的力量。坚定文化自信，是事关国运兴衰、事关文化安全、事关民族精神独立性的大问题。习近平总书记指出，一个抛弃了或者背叛了自己历史文化的民族，不仅不可能发展起来，而且很可能上演一幕幕历史悲剧。站立在 960 多万平方公里的广袤土地上，吸吮着5000多年中华民族漫长奋斗积累的文化养分，拥有14亿多中国人民聚合的磅礴之力，我们走中国特色社会主义道路，具有无比广阔的时代舞台，具有无比深厚的历史底蕴，具有无比强大的前进定力。我们区别于其他国家和民族的根本特征，就是在中华文明5000多年绵延不断、经久不衰的长期演进过程中，形成了中国人看待世界、看待社会、看待人生的独特价值体系、文化内涵和精神品质，这也铸就了中华民族博采众长的文化自信。国家之魂，文以化之，文以铸之。没有高度的文化自信，没有文化的繁荣兴盛，就没有中华民族伟大复兴。习近平总书记强调，我们要坚持中国特色社会主义文化发展道路，立足中国，面向现代化、面向世界、面向未来，巩固马克思主义在意识形态领域的指导地位，发展社会主义先进文化，加强社会主义精神文明建设，把社会主义核心价值观融入社会发展各方面，推动中华优秀传统文化创造性转化、创新性发展，不断提高人民思想觉悟、道德水平、文明素养，不断铸就中华文化新辉煌。

用社会主义核心价值观凝魂聚力，更好构筑中国精神、中国价值、中国力量。实现“两个一百年”奋斗目标，需要全社会方方面面同心干，需要全国各族人民心往一处想、劲往一处使。如果一个社会没有共同理想，没有共同目标，没有共同价值观，整天乱哄哄的，那就什么事也办不成。我国有 14 亿多人，如果弄成那样一个局面，就不符合人民利益，也不符合国家利益。习近平总书记指出，培育和弘扬核心价值观，有效整合社会意识，是社会系统得以正常运转、社会秩序得以有效维护的重要途径，也是国家治理体系和治理能力的重要方面。我国是一个有着 14 亿多人口、56 个民族的大国，确立反映全国各族人民共同认同的价值观“最大公约数”，使全体人民同心同德、团结奋进，关乎国家前途命运，关乎人民幸福安康。习近平总书记强调，在当代中国，我们的民族、我们的国家应该坚守的核心价值观，是倡导富强、民主、文明、和谐，倡导自由、平等、公正、法治，倡导爱国、敬业、诚信、友善。社会主义核心价值观，是当代中国精神的集中体现，凝结着全体人民共同的价值追求。要把培育和弘扬社会主义核心价值观作为凝魂聚气、强基固本的基础工程，作为一项根本任务，切实抓紧抓好，为中国特色社会主义事业提供源源不断的精神动力和道德滋养。

培育和践行社会主义核心价值观要以培养担当民族复兴大任的时代新人为着眼点。在全国高校思想政治工作会议、全国教育大会、学校思想政治理论课教师座谈会等会议上，习近平总书记从不同侧面深刻阐述了培养什么人、怎样培养人、为谁培养人这个根本问题，指出，宣传思想工作是做人的工作的，要把培养担当民族复兴大任的时代新人作为重要职责。重中之重是要以坚定的理想信念筑牢精神之基，坚定对马克思主义的信仰，对社会主义和共产主义的信念，对中国特色社会主义道路、理论、制度、文化的自信。要坚持立德树人、以文化人，弘扬民族精神和时代精神，加强爱国主义、集体主义、社会主义教育，引导人们树立正确的历史观、民族观、国家观、文化观。要大力弘扬时代新风，加强思想道德建设，深入实施公民道德建设工程，加强和改进思想政治工作，推进新时代文明实践中心建设，不断提升人民思想觉悟、道德水准、文明素养和全社会文明程度。

切实把社会主义核心价值观贯穿于社会生活方方面面。社会主义核心价值观，只有被普遍理解和接受，才能为人们自觉遵守奉行。在《把培育和弘扬社会主义核心价值观作为凝魂聚气、强基固本的基础工程》等文稿中，习近平总书记指出，通过教育引导、舆论宣传、文化熏陶、实践养成、制度保障等，使社会主义核心价值观内化为人们的精神追求，外化为人们的自觉行动。教育引导是培育和弘扬社会主义核心价值观的基础性工作。要区分层次、突出重点，在全社会广泛开展社会主义核心价值观宣传教育。习近平总书记强调，一是榜样的力量是无穷的，二是要从娃娃抓起，三是要润物细无声。要注意把我们所提倡的与人们日常生活紧密联系起来，在落细、落小、落实上下功夫。坚持全民行动、干部带头，从家庭做起，从娃娃抓起。要抓住青少年价值观形成和确定的关键时期，引导青少年扣好人生第一粒扣子。要培育文明乡风、良好家风、淳朴民风，焕发乡村文明新气象。要把社会主义核心价值观的要求转化为具有刚性约束力的法律规定，用法律来推动核心价值观建设。

始终坚持以人民为中心的工作导向，弘扬主旋律，传播正能量

宣传思想工作始终要树立以人民为中心的工作导向，把服务群众同教育引导群众结合起来，把满足需求同提高素养结合起来，多宣传报道人民群众的伟大奋斗和火热生活，唱响主旋律，壮大正能量，做大做强主流思想舆论。本书收入的多篇重要文稿，集中反映了习近平总书记在这方面的重要论述。

把握正确舆论导向，提高新闻舆论传播力、引导力、影响力、公信力。做好党的新闻舆论工作，营造良好舆论环境，是治国理政、定国安邦的大事。习近平总书记在《坚持党的新闻舆论工作的正确政治方向》《做党和人民信赖的新闻工作者》等文稿中指出，要坚持以正确舆论引导人，做到所有工作都有利于坚持中国共产党领导和我国社会主义制度，有利于推动改革发展，有利于

增进全国各族人民团结，有利于维护社会和谐稳定，这是最重要、最根本的导向。舆论导向正确，就能凝聚人心、汇聚力量，推动事业发展；舆论导向错误，就会动摇人心、瓦解斗志，危害党和人民事业。习近平总书记强调，思想舆论领域大致有红色、黑色、灰色“三个地带”。红色地带是我们的主阵地，一定要守住；黑色地带主要是负面的东西，要敢于亮剑，大大压缩其地盘；灰色地带要大张旗鼓争取，使其转化为红色地带。在事关大是大非和政治原则问题上，必须增强主动性、掌握主动权、打好主动仗，帮助干部群众划清是非界限、澄清模糊认识。

充分发挥正面宣传鼓舞人、激励人的作用，关键是要提高质量和水平，把握好时、度、效。新闻媒体是社会舆论的发射器，也是社会舆论的放大器。习近平总书记强调，要把握好时、度、效，用心用情，增强吸引力和感染力，让群众爱听爱看、产生共鸣。互联网是一个社会信息大平台，亿万网民在上面获得信息、交流信息，这会对他们的求知途径、思维方式、价值观念产生重要影响，特别是会对他们对国家、对社会、对工作、对人生的看法产生重要影响。习近平总书记指出，人在哪儿，宣传思想工作的重点就在哪儿，网络空间已经成为人们生产生活的新空间，那就也应该成为我们党凝聚共识的新空间。正能量是总要求，管得住是硬道理，用得好是真本事。要加快推动媒体融合发展，使主流媒体具有强大传播力、引导力、影响力、公信力。要牢牢掌握舆论场主动权和主导权，做强网上正面宣传，营造风清气正的网络空间。要本着对社会负责、对人民负责的态度，依法加强网络空间治理，加强网络内容建设，培育积极健康、向上向善的网络文化。要在信息生产领域进行供给侧结构性改革，推进网上宣传理念、内容、形式、方法、手段等创新，构建网上网下同心圆，更好凝聚社会共识，巩固全党全国人民团结奋斗的共同思想基础。

把满足人民精神文化需求作为文艺和文艺工作的出发点和落脚点。人民既是历史的创造者、也是历史的见证者，既是历史的“剧中人”、也是历史的“剧作者”。文艺要反映好人民心声，就要坚持为人民服务、为社会主义服务这个根本方向。这是党对文艺战线提出的一项基本要求，也是决定我国文艺事业前途命运的关键。习近平总书记在文艺工作座谈会等会议上发表重要讲话，强调，社会主义文艺，从本质上讲，就是人民的文艺。人民需要文艺，文艺需要人民，文艺要热爱人民。一切优秀文艺工作者的艺术生命都源于人民，一切优秀文艺创作都为了人民。要牢固树立马克思主义文艺观，要把人民作为文艺审美的鉴赏家和评判者，把为人民服务作为文艺工作者的天职。文艺创作方法有一百条、一千条，但最根本的方法是扎根人民。要扎根人民、扎根生活开展文艺创作，用现实主义精神和浪漫主义情怀观照现实生活，用光明驱散黑暗，用美善战胜丑恶，让人们看到美好、看到希望、看到梦想就在前方，满足人民过上美好生活的新期待。

推动文化大发展大繁荣，加快建设社会主义文化强国。习近平总书记指出，要弘扬社会主义先进文化，深化文化体制改革，推动社会主义文化大发展大繁荣，增强全民族文化创造活力，推动文化事业全面繁荣、文化产业快速发展，不断丰富人民精神世界、增强人民精神力量，不断增强文化整体实力和竞争力，朝着建设社会主义文化强国的目标不断前进。习近平总书记强调，要完善公共文化服务体系，坚持政府主导、社会参与、重心下移、共建共享，提高基本公共文化服务的覆盖面和适用性，深入实施文化惠民工程，丰富群众性文化活动。要推动文化下乡，整合乡村文化资源，广泛开展农民乐于参与的群众性文化活动。要健全现代文化产业体系和市场体系，推动各类文化市场主体发展壮大，培育新型文化业态和文化消费模式，以高质量文化供给增强人们的文化获得感、幸福感。

提高国家文化软实力和中华文化影响力，讲好中国故事、传播好中国声音

提高国家文化软实力，不仅关系我国在世界文化格

局中的定位，而且关系我国国际地位和国际影响力。要讲好中国故事、传播好中国声音，向世界展现真实、立体、全面的中国。这部专题文集收入的习近平总书记在主持十八届中央政治局第十二次、第十八次集体学习时的讲话等，从不同角度对这个问题作了深刻阐发。

传播好中国声音，把当代中国价值观念贯穿于国际交流和传播方方面面。我国要提高国家文化软实力，就必须使当代中国价值观念走向世界。习近平总书记指出，我国成功走出了一条中国特色社会主义道路，实践证明我们的道路、理论体系、制度是成功的。我们现在有底气、也有必要讲好中国故事。要主动宣介习近平新时代中国特色社会主义思想，主动讲好中国共产党治国理政的故事、中国人民奋斗圆梦的故事、中国坚持和平发展合作共赢的故事。要加强提炼和阐释，拓展对外传播平台和载体。要全面贴近受众，实施融合传播，以丰富的信息资讯、鲜明的中国视角、广阔的世界眼光，讲好中国故事、传播好中国声音，让世界认识一个立体多彩的中国。

努力展示中华文化独特魅力，让世界更好了解中国。中华文化是我们提高国家文化软实力最深厚的源泉，是我们提高国家文化软实力的重要途径。习近平总书记指出，要把优秀传统文化的精神标识提炼出来、展示出来，把优秀传统文化中具有当代价值、世界意义的文化精髓提炼出来、展示出来。要提高对外文化交流水平，完善人文交流机制，创新人文交流方式，综合运用大众传播、群体传播、人际传播等多种方式展示中华文化魅力。要注重塑造我国的国家形象，重点展示中国历史底蕴深厚、各民族多元一体、文化多样和谐的文明大国形象，政治清明、经济发展、文化繁荣、社会稳定、人民团结、山河秀美的东方大国形象，坚持和平发展、促进共同发展、维护国际公平正义、为人类作出贡献的负责任大国形象，对外更加开放、更加具有亲和力、充满希望、充满活力的社会主义大国形象。

推进国际传播能力建设，努力提高国际话语权。国际话语权是国家文化软实力的重要组成部分。习近平总书记指出，落后就要挨打，贫穷就要挨饿，失语就要挨骂。长期以来，我们党带领人民就是要不断解决“挨打”、“挨饿”、“挨骂”这三大问题。经过几代人不懈奋斗，前两个问题基本得到解决，但“挨骂”问题还没有得到根本解决。争取国际话语权是我们必须解决好的一个重大问题。习近平总书记指出，要加强对外话语体系建设，更加鲜明地展现中国思想，更加响亮地提出中国主张。努力打造具有强大引领力、传播力、影响力的国际一流新型主流媒体，形成同我国综合国力相适应的国际话语权，更好向世界介绍新时代的中国，更好展现真实、立体、全面的中国。

推动文明交流互鉴，夯实共建人类命运共同体的人

文基础。中华文明是在中国大地上产生的文明，也是同其他文明不断交流互鉴而形成的文明。从历史上的佛教东传、“伊儒会通”，到近代以来的“西学东渐”、新文化运动、马克思主义和社会主义思想传入中国，再到改革开放以来全方位对外开放，中华文明始终在兼收并蓄中历久弥新。习近平总书记在联合国教科文组织总部、亚洲文明对话大会开幕式等重要场合的演讲中指出，要推动中华文明创造性转化和创新性发展，激活其生命力，把跨越时空、超越国度、富有永恒魅力、具有当代价值的文化精神弘扬起来。文明交流互鉴是推动人类文明进步和世界和平发展的重要动力。习近平总书记强调，文明交流互鉴要坚持相互尊重、平等相待，坚持美人之美、美美与共，坚持开放包容、互学互鉴，坚持与时俱进、创新发展。我们要加强世界上不同国家、不同民族、不同文化的交流互鉴，既要让本国文明充满勃勃生机，又要为他国文明发展创造条件，让世界文明百花园群芳竞艳，夯实共建人类命运共同体的人文基础。

习近平总书记关于党的宣传思想工作的重要论述，立意高远、思想深刻、内涵丰富。我们要结合深入学习习近平《论党的宣传思想工作》，深入学习贯彻习近平新时代中国特色社会主义思想，不断增强“四个意识”、坚定“四个自信”、做到“两个维护”，推动宣传思想工作不断强起来，为全面建设社会主义现代化国家、实现中华民族伟大复兴的中国梦提供坚强思想保证和强大精神力量。

（原载《人民日报》2021 年 1 月 4 日，署名“闻言”）

站在历史的深厚基础上
更加坚定地走向未来

2016年7月1日，习近平总书记在庆祝中国共产党成立95周年大会上发表重要讲话，高度评价我们党为中华民族作出的伟大历史贡献，科学概括历史给予我们的深刻启示，号召全党同志不忘初心、继续前进。在庆祝我们党百年华诞的重大时刻，在“两个一百年”奋斗目标历史交汇的关键节点，结合正在开展的党史学习教育，重温这篇马克思主义的光辉文献，对于我们用党的奋斗历程和伟大成就鼓舞斗志、明确方向，用党的光荣传统和优良作风坚定信念、凝聚力量，用党的实践创造和历史经验启迪智慧、砥砺品格，向着实现第二个百年奋斗目标奋勇前进，具有重要意义。

深刻认识中国共产党为中华民族作出的伟大历史贡献

中华民族具有5000多年绵延不绝的文明历史，为人类文明进步作出了不可磨灭的贡献。进入近代以后，中国陷入内忧外患的黑暗境地，中国人民经历了战乱频仍、山河破碎、民不聊生的深重苦难。为了挽救民族危亡，无数仁人志士前赴后继，进行种种尝试，但均以失败而告终。在马克思列宁主义同中国工人运动相结合的过程中，1921 年中国共产党应运而生。我们党勇敢地肩负起实现中华民族伟大复兴的历史使命，团结带领人民进行了艰苦卓绝的斗争，谱写了气吞山河的壮丽史诗，为中华民族作出了伟大历史贡献。

我们党团结带领人民完成新民主主义革命，建立了中华人民共和国，彻底改变了近代以来中华民族的悲惨命运，实现了中国从几千年封建专制政治向人民民主的伟大飞跃。实现中华民族伟大复兴，必须推翻压在中国人民头上的帝国主义、封建主义、官僚资本主义三座大山，实现民族独立、人民解放、国家统一、社会稳定。面对中国的特殊国情，面对压在中国人民头上的三座大山，中国共产党人创造性地解决了马克思主义基本原理同中国实际相结合的一系列重大问题，开辟了以农村包围城市、最后夺取全国胜利的革命道路。经过 28 年浴血奋战，我们党和人民历经千辛万苦、付出巨大牺牲，打败日本帝国主义，推翻国民党反动统治，夺取了新民主主义革命胜利，实现了几代中国人梦寐以求的民族独立和人民解放。中华人民共和国的成立，使中国人民成为国家、社会和自己命运的主人，实现了中国高度统一和各民族空前团结，彻底结束了旧中国半殖民地半封建社会的历史，彻底结束了旧中国一盘散沙的局面，彻底废除了列强强加给中国的不平等条约和帝国主义在中国的一切特权，中华民族发展进步从此开启了新纪元。

我们党团结带领人民完成社会主义革命，确立社会主义基本制度，推进社会主义建设，完成了中华民族有史以来最为广泛而深刻的社会变革，为当代中国一切发展进步奠定了根本政治前提和制度基础，实现了中华民族由近代不断衰落到根本扭转命运、持续走向繁荣富强的伟大飞跃。实现中华民族伟大复兴，必须建立符合我国实际的先进社会制度。新中国成立后，党带领人民在迅速医治战争创伤、恢复国民经济的基础上，不失时机提出了过渡时期总路线，创造性地完成了由新民主主义向社会主义的转变，使中国这个占世界 1/4 人口的东方大国进入了社会主义社会。中国共产党人以苏联的经验教训为鉴戒，开始独立探索适合中国国情的社会主义建设道路。在不长的时间里，建立起独立的比较完整的工业体系和国民经济体系，成为在世界上有重要影响的大国。

我们党团结带领人民进行改革开放新的伟大革命，破除阻碍国家和民族发展的一切思想和体制障碍，开辟了中国特色社会主义道路，使中国大踏步赶上时代。实现中华民族伟大复兴，必须合乎时代潮流、顺应人民意愿，勇于改革开放，让党和人民事业始终充满奋勇前进的强大动力。党的十一届三中全会作出把党和国家工作中心转移到经济建设上来、实行改革开放的历史性决策，实现新中国成立以来党的历史上具有深远意义的伟大转折，开启了改革开放和社会主义现代化建设的伟大征程。中国共产党把马克思主义基本原理同中国改革开放的具体实际结合起来，团结带领人民进行建设中国特色社会主义新的伟大实践，实现了中华民族从站起来到富起来的伟大飞跃。

党的十八大以来，以习近平同志为核心的党中央团结带领人民进行伟大斗争、建设伟大工程、推进伟大事业、实现伟大梦想，推动党和国家事业取得全方位、开创性历史成就，发生深层次、根本性历史变革。进入新时代，以习近平同志为核心的党中央团结带领全党全国各族人民，从理论和实践结合上系统回答了新时代坚持和发展什么样的中国特色社会主义、怎样坚持和发展中国特色社会主义这个重大时代课题，创立了习近平新时代中国特色社会主义思想，坚持统筹推进“五位一体”总体布局、协调推进“四个全面”战略布局，坚持以人民为中心的发展思想，坚持稳中求进工作总基调，坚持完善和发展中国特色社会主义制度，加强党的全面领导，推进国家治理体系和治理能力现代化，解决了许多长期想解决而没有解决的难题，办成了许多过去想办而没有办成的大事，全面建成小康社会取得伟大历史性成就，中华民族迎来了从富起来到强起来的伟大飞跃。

深入把握中国共产党伟大奋斗历程告诉我们的深刻启示

历史是最好的老师，但历史往往需要经过岁月的风雨才能看得更清楚。习近平总书记在讲话中阐明了中国共产党百年奋斗历程提供的重要启示。这当中，给我们最深刻的启示，是要做到三个“长期坚持、永不动摇”。

历史和人民选择中国共产党领导中华民族伟大复兴的事业是正确的，必须长期坚持、永不动摇。坚持党的领导是党和国家的根本所在、命脉所在，是全国各族人民的利益所系、幸福所系，是中华民族的命运所系。中国有了中国共产党执政，是中国、中国人民、中华民族的一大幸事。只要我们深入了解中国近代史、中国现代史、中国革命史，就不难发现，如果没有中国共产党领导，我们的国家、我们的民族不可能取得今天这样的成就，也不可能具有今天这样的国际地位。习近平总书记深刻指出，加强党的领导是新时代坚持和发展中国特色社会主义的根本保证。没有中国共产党，哪有社会主义中国？哪有中国特色社会主义？哪有中华民族伟大复兴？在坚持党的领导这个决定党和国家前途命运的重大原则问题上，全党全国必须保持高度的思想自觉、政治自觉、行动自觉，丝毫不能动摇。

中国共产党领导中国人民开辟的中国特色社会主义道路是正确的，必须长期坚持、永不动摇。一个国家实行什么样的主义，关键要看这个主义能否解决这个国家面临的历史性课题。只有社会主义才能救中国，只有中国特色社会主义才能发展中国，只有坚持和发展中国特色社会主义才能实现中华民族伟大复兴，这是历史的结论、人民的选择。中国特色社会主义是在改革开放40多年的伟大实践中得来的，是在新中国成立70多年的持续探索中得来的，是在我们党领导人民进行伟大社会革命100年的实践中得来的，是在近代以来中华民族由衰到盛180多年的历史进程中得来的，是在世界社会主义500多年波澜壮阔的发展历程中得来的，是在对中华文明5000多年的传承发展中得来的。习近平总书记深刻指出，中国特色社会主义道路是当代中国大踏步赶上时代、引领时代发展的康庄大道，必须毫不动摇走下去。

中国共产党和中国人民扎根中国大地、吸纳人类文明优秀成果、独立自主实现国家发展的战略是正确的，必须长期坚持、永不动摇。独立自主是中华民族的优良传统，是中国共产党、中华人民共和国立党立国的重要原则。我们党在领导革命、建设、改革长期实践中，历来坚持独立自主开拓前进道路，这种独立自主的探索和实践精神，这种坚持走自己的路的坚定信心和决心，是我们党全部理论和实践的立足点。世界上没有放之四海而皆准的具体发展模式，也没有一成不变的发展道路。对丰富多彩的世界，应该秉持兼容并蓄的态度，虚心学习他人的好东西，在独立自主的立场上把他人的好东西加以消化吸收，化成我们自己的好东西，但决不能囫囵吞枣、决不能邯郸学步。不论过去、现在和将来，都要把国家和民族发展放在自己力量的基点上，坚持民族自尊心和自信心，坚定不移走自己的路。习近平总书记深刻指出，我们要把命运掌握在自己手中，就要有志不改、道不变的坚定，坚持党的基本路线，把以经济建设为中心同坚持四项基本原则、坚持改革开放这两个基本点统一于新时代中国特色社会主义伟大实践，长期坚持，决不动摇。

在对历史的深入思考中做好现实工作、更好走向未来

回顾历史，不是为了从成功中寻求慰藉，更不是为了躺在功劳簿上、为回避今天面临的困难和问题寻找借口，而是为了总结历史经验、把握历史规律，增强开拓前进的勇气和力量。习近平总书记在讲话中提出了坚持不忘初心、继续前进的八个方面要求，内涵丰富、寓意

深远。

坚持马克思主义的指导地位，坚持把马克思主义基本原理同当代中国实际和时代特点紧密结合起来，推进理论创新、实践创新，不断把马克思主义中国化推向前进。指导思想是一个政党的精神旗帜。一百年来，中国共产党之所以能够完成近代以来各种政治力量不可能完成的艰巨任务，就在于始终把马克思主义这一科学理论作为自己的行动指南，并坚持在实践中不断丰富和发展马克思主义。要从党的非凡历程中深刻感悟马克思主义是如何深刻改变中国、改变世界的，感悟马克思主义的真理力量和实践力量，深化对中国化马克思主义既一脉相承又与时俱进的理论品质的认识，增强用党的创新理论武装全党的政治自觉。

实践发展永无止境，理论创新也永无止境。在新的时代条件下，仍然需要保持和发扬马克思主义政党与时俱进的理论品格，以更宽广的视野、更长远的眼光来思考和把握国家未来发展面临的一系列重大战略问题，不断开辟21世纪马克思主义发展新境界，让当代中国马克思主义展现更强大、更有说服力的真理力量，指引中国人民续写更加辉煌的篇章、创造更加伟大的奇迹。

牢记我们党从成立起就把为共产主义、社会主义而奋斗确定为自己的纲领，坚定共产主义远大理想和中国特色社会主义共同理想，不断把为崇高理想奋斗的伟大

实践推向前进。革命理想高于天。坚定理想信念，是事关马克思主义政党精神力量和前途命运的根本问题。我们党之所以能够经受一次次挫折而又一次次奋起，归根到底是因为我们党有远大理想和崇高追求。今天，对共产主义的信仰，对中国特色社会主义的信念，依然是共产党人的政治灵魂，是共产党人经受住任何考验的精神支柱。

崇高信仰、坚定信念必须建立在对马克思主义的深刻理解之上，建立在对历史规律的深刻把握之上。要坚持思想建党、理论强党，自觉把学习贯彻习近平新时代中国特色社会主义思想作为思想武装的重中之重，同学习马克思主义基本原理贯通起来，同学习党史、新中国史、改革开放史、社会主义发展史结合起来，同新时代我们进行伟大斗争、建设伟大工程、推进伟大事业、实现伟大梦想的丰富实践联系起来，不断补足精神之“钙”，保持对远大理想和奋斗目标的清醒认识和执着追求，牢牢占据真理和道义的制高点，做到虔诚而执着、至信而深厚。

坚持中国特色社会主义道路自信、理论自信、制度自信、文化自信，坚持党的基本路线不动摇，不断把中国特色社会主义伟大事业推向前进。中国特色社会主义，承载着几代中国共产党人的理想和探索，寄托着无数仁人志士的夙愿和期盼，凝聚着亿万人民的奋斗和牺牲，是近代以来中国社会发展的必然选择，是发展中国、稳定中国的必由之路。改革开放以来，我们取得一切成绩和进步的根本原因，归结起来就是开辟了中国特色社会主义道路，形成了中国特色社会主义理论体系，确立了中国特色社会主义制度，发展了中国特色社会主义文化。总结历史，习近平总书记深刻指出，当今世界，要说哪个政党、哪个国家、哪个民族能够自信的话，那中国共产党、中华人民共和国、中华民族是最有理由自信的！这个自信就是中国特色社会主义道路自信、理论自信、制度自信、文化自信。

中国特色社会主义，既是我们必须不断推进的伟大事业，又是我们开辟未来的根本保证。要深刻认识“四个自信”来源于实践、来源于人民、来源于真理，不断增强历史定力，增强做中国人的志气、骨气、底气，既不走封闭僵化的老路，也不走改旗易帜的邪路，以“自信人生二百年，会当水击三千里”的勇气，在全面建设社会主义现代化国家新征程上坚定不移开辟新天地、创造新奇迹。

统筹推进“五位一体”总体布局，协调推进“四个全面”战略布局，全力推进全面建成小康社会进程，不断把实现“两个一百年”奋斗目标推向前进。全面建成小康社会，是我们党向人民、向历史作出的庄严承诺，是中国人民的共同期盼。为实现这一目标，党的十八大以来，我们党形成并积极推进“五位一体”总体布局，形成并积极推进“四个全面”战略布局，全面建成小康社会取得伟大历史性成就，脱贫攻坚战取得全面胜利，中华民族伟大复兴向前迈出了新的一大步，社会主义中国以更加雄伟的身姿屹立于世界东方。

党的十九届五中全会提出，全面建成小康社会、实现第一个百年奋斗目标之后，我们要乘势而上开启全面建设社会主义现代化国家新征程、向第二个百年奋斗目标进军，这标志着我国进入了一个新发展阶段。要统筹推进“五位一体”总体布局，协调推进“四个全面”战略布局，准确把握新发展阶段，深入贯彻新发展理念，加快构建新发展格局，着力推动高质量发展，为全面建设社会主义现代化国家开好局、起好步。

坚定不移高举改革开放旗帜，勇于全面深化改革，进一步解放思想、解放和发展社会生产力、解放和增强社会活力，不断把改革开放推向前进。改革开放是我们党的一次伟大觉醒，正是这个伟大觉醒孕育了我们党从理论到实践的伟大创造；改革开放是中国人民和中华民族发展史上一次伟大革命，正是这个伟大革命推动了中国特色社会主义事业的伟大飞跃！历史充分证明，改革开放是决定当代中国命运的关键一招，也是决定实现“两个一百年”奋斗目标、实现中华民族伟大复兴的关键一招。

党的十八届三中全会开启了全面深化改革、系统整体设计推进改革的新时代，改革呈现全面发力、多点突破、蹄疾步稳、纵深推进的态势，在重要领域和关键环节取得决定性成果。现在，改革开放来到一个船到中流浪更急、人到半山路更陡的时候，一个愈进愈难、愈进愈险而又不进则退、非进不可的时候。站在新的历史起点上，要坚定不移高举改革开放旗帜，把接续推进改革同服务党和国家工作大局结合起来、把深化改革攻坚同促进制度集成结合起来、把推进改革同防范化解重大风险结合起来、把激发创新活力同凝聚奋进力量结合起来，推动改革在新发展阶段打开新局面。

坚信党的根基在人民、党的力量在人民，坚持一切为了人民、一切依靠人民，充分发挥广大人民群众积极性、主动性、创造性，不断把为人民造福事业推向前进。我们党来自于人民，为人民而生，因人民而兴。党的百年历史，就是一部践行党的初心使命的历史，就是一部党与人民心连心、同呼吸、共命运的历史。我们党所付出的一切努力、进行的一切斗争、作出的一切牺牲，都是为了人民幸福和民族复兴。历史充分证明，江山就是人民，人民就是江山，人心向背关系党的生死存亡。赢得人民信任，得到人民支持，党就能够克服任何困难，就能够无往而不胜。

一个忘记来路的民族必定是没有出路的民族，一个忘记初心的政党必定是没有未来的政党。要始终把人民放在心中最高位置、把人民对美好生活的向往作为奋斗目标，永不脱离群众，与群众有福同享、有难同当，有盐同咸、无盐同淡，不断推动改革发展成果更多更公平惠及全体人民，不断推动全体人民共同富裕取得更为明显的实质性进展，使我们党的根基永远坚如磐石，凝聚起推动中华民族伟大复兴的磅礴力量。

始终不渝走和平发展道路，始终不渝奉行互利共赢的开放战略，加强同各国的友好往来，同各国人民一道，不断把人类和平与发展的崇高事业推向前进。中国共产党是为中国人民谋幸福的政党，也是为人类进步事业而奋斗的政党。党和人民从苦难中走过来，深知和平的珍贵、发展的价值。走和平发展道路，是中华民族优秀文化传统的传承和发展，是中国人民从近代以后苦难遭遇中得出的必然结论，是我们党根据时代发展潮流和我国根本利益作出的战略抉择。

党的十八大以来，以习近平同志为核心的党中央统筹国内国际两个大局，顺应时代发展潮流，高举和平、发展、合作、共赢的旗帜，全面推进中国特色大国外交，倡导推动构建人类命运共同体，积极促进“一带一路”国际合作，引领全球治理体系改革和建设，为世界和平与发展作出新的重大贡献。进入新发展阶段，中国持续发展和开放将为世界经济复苏和增长注入强大动能，中国将继续做世界和平的建设者、全球发展的贡献者、国际秩序的维护者，中国人民将一如既往同各国人民携手努力，为创造人类美好未来而不懈奋斗。

保持党的先进性和纯洁性，着力提高执政能力和领导水平，着力增强抵御风险和拒腐防变能力，不断把党的建设新的伟大工程推向前进。先进性和纯洁性是马克思主义政党的本质属性。党的百年历史，也是我们党不断保持党的先进性和纯洁性，不断防范被瓦解、被腐化的危险的历史。作为百年大党，如何永葆先进性和纯洁性、永葆青春活力，如何永远得到人民拥护和支持，如何实现长期执政，是必须回答好、解决好的一个根本性问题。

党的十八大以来，以习近平同志为核心的党中央以自我革命精神推进全面从严治党，党在革命性锻造中更加坚强。民族复兴梦想越接近，改革开放任务越繁重，越要加强党的建设。要总结历史经验教训，着眼于解决党的建设的现实问题，按照新时代党的建设总要求，以政治建设为统领，不断推进党的建设新的伟大工程，确保我们党在世界形势深刻变化的历史进程中始终走在时代前列，在应对国内外各种风险挑战的历史进程中始终成为全国人民的主心骨，在坚持和发展中国特色社会主义的历史进程中始终成为坚强领导核心。

回顾走过的路，不忘来时的路，归根结底是为了继续走好前行的路。立足我们党的百年历史新起点、新征程，回顾党走过的光辉历程，就是为了把党的历史学习好、总结好，把党的成功经验传承好、发扬好，学史明理、学史增信、学史崇德、学史力行，增强“四个意识”、坚定“四个自信”、做到“两个维护”，不断提高政治判断力、政治领悟力、政治执行力，在习近平新时代中国特色社会主义思想指引下，以昂扬姿态奋力开启全面建设社会主义现代化国家新征程，为实现中华民族伟大复兴而不懈奋斗。

（原载《求是》杂志2021年第8期，署名“中共中央党史和文献研究院”）

伟大建党精神：中国共产党的精神之源

习近平总书记在庆祝中国共产党成立100周年大会上的重要讲话中指出："一百年前，中国共产党的先驱们创建了中国共产党，形成了坚持真理、坚守理想，践行初心、担当使命，不怕牺牲、英勇斗争，对党忠诚、不负人民的伟大建党精神，这是中国共产党的精神之源。"伟大建党精神，内涵丰富、意境深远，跨越时空、历久弥新。弘扬伟大建党精神，对于新时代推进党的建设新的伟大工程、坚持和发展中国特色社会主义伟大事业，具有重大现实意义和深远历史意义。

伟大建党精神形成的基础和条件

伟大建党精神，是中国共产党先驱在20世纪20年代探索救国救民道路中创造的宝贵精神财富，是马克思主义基本原理同中国具体实际相结合、同中华优秀传统文化相结合产生的宝贵精神财富，凝聚着中国共产党人的初心和使命，激励着中国共产党人不断开拓前行。

民族复兴历史任务是伟大建党精神形成的时代背景。中华民族是世界上伟大的民族，有着5000多年源远流长的文明历史，为人类文明进步作出了不可磨灭的贡献。但1840年鸦片战争以后，中国逐步沦为半殖民地半封建社会：西方列强纷至沓来，强迫中国割地、赔款，攫取种种特权；腐朽的清政府日益成为外国资本主义统治中国的工具，卖国无能，扼杀中国生机。帝国主义和中华民族的矛盾，封建主义和人民大众的矛盾，成为近代中国社会的主要矛盾。从那时起，实现中华民族伟大复兴，就成为中国人民和中华民族最伟大的梦想；争取民族独立、人民解放和实现国家富强、人民幸福，就成为中国人民的两大历史任务。正是在这个伟大的时代主题下，伟大建党精神所蕴含的各个因素开始孕育、形成，并在不断的斗争中丰富、发展。

马克思列宁主义是伟大建党精神形成的理论来源。十月革命一声炮响，给中国送来了马克思列宁主义。陷于彷徨和苦闷中的中国人民由此看到了解决中国问题的出路和希望，一批赞成俄国十月社会主义革命道路、具有初步共产主义思想的先进分子开始在中国出现。1919年五四运动爆发，中国工人阶级开始以独立的姿态登上政治舞台，显示出强大力量，马克思主义也开始在中国广泛传播。中国先进分子集合在马克思主义旗帜下，积极投身群众斗争实践，到工人中调查生活、宣传革命、办学校、办工会。随着马克思主义在中国的进一步传播，与中国工人运动相结合，推动了伟大建党精神的萌发。

伟大建党活动是伟大建党精神形成的实践基础。“南陈北李，相约建党”。在共产国际帮助下，中国先进分子组织马克思学说研究会等组织，成立了共产党早期组织。他们致力于研究宣传马克思主义，同反马克思主义思潮展开论战，组织工人群众，筹建社会主义青年团。1921 年 7 月，中国共产党第一次全国代表大会在上海召开，一个以马克思列宁主义为行动指南的、完全新式的无产阶级政党诞生。中国共产党成立后，迅速领导各地党组织开展劳工运动和党团建设。1922 年 7 月党的二大召开，制定党的民主革命纲领，诞生第一部党章，健全中央领导机构，标志着中国共产党创建工作顺利完成。中国共产党的创建过程，在实践中建立了党的组织，在精神上形成了伟大建党精神。

中华优秀传统文化是伟大建党精神形成的文化土壤。没有中华文化繁荣兴盛，就没有中华民族伟大复兴。在 5000 多年文明发展中孕育的中华优秀传统文化，是中华民族的精神命脉。崇仁爱、重民本、守诚信、讲辩证、尚和合、求大同等思想，自强不息、敬业乐群、扶正扬善、扶危济困、见义勇为、孝老爱亲等传统美德，形成了中华民族独特的思想理念和道德规范。中国先进分子以国家兴亡为己任，郑重选择和广泛传播马克思主义真理，激活了中华优秀传统文化的生命力，为伟大建党精神的形成提供了丰富的文化和精神滋养。

伟大建党精神的深刻内涵

习近平总书记在庆祝中国共产党成立 100 周年大会上的重要讲话中，首次提出并阐述了伟大建党精神的深刻内涵和重大意义。伟大建党精神，是对中国共产党先驱心路历程的高度概括，既有历史的穿透力，又有精神的感召力，既有理论的引领力，又有实践的指导力，构成一个逻辑严密、内在统一的有机整体。

坚持真理、坚守理想，就是坚持马克思主义的科学真理，坚守共产主义远大理想和中国特色社会主义共同理想。这是对中国共产党人理想信念和价值追求的集中表达。中国共产党是用马克思主义武装起来的政党，马克思主义是中国共产党人理想信念的灵魂。中国先进分子从俄国十月革命看到了“世界人类全体的新曙光”，感受到“真理的味道非常甜”，建立起了马克思主义信仰。毛泽东同志提出:“主义譬如一面旗子，旗子立起了，大家才有所指望，才知所趋赴”。党的一大确定党的名称为“中国共产党”，明确“革命军队必须与无产阶级一起推翻资本家阶级的政权”，“承认无产阶级专政，直到阶级斗争结束”，“消灭资本家私有制”等。这表明，中国共产党从一开始就坚持以马克思主义为行动指南，旗帜鲜明地把社会主义和共产主义规定为自己的奋斗目标。对马克思主义的信仰，对社会主义和共产主义的信念，始终是共产党人经受住任何考验的精神支柱。习近平总书记指出："中国共产党为什么能，中国特色社会主义为什么好，归根到底是因为马克思主义行！"中国共产党人坚持真理、坚守理想，不断推进马克思主义中国化时代化，指导中国人民不断推进伟大社会革命，深刻改变了近代以后中华民族发展的方向和进程，深刻改变了中国人民和中华民族的前途和命运，深刻改变了世界发展的趋势和格局。

践行初心、担当使命，就是坚持为中国人民谋幸福、为中华民族谋复兴的初心和使命。这是对中国共产党人历史责任和时代使命的集中表达。中国共产党作为中国最先进的阶级——工人阶级的政党，不仅代表着工人阶级的利益，而且代表着整个中国人民和中华民族的利益。党的二大指出，党的最高纲领是实现社会主义、共产主义，但在现阶段的纲领，即最低纲领是打倒军阀，推翻国际帝国主义的压迫，统一中国为真正的民主共和国。党的二大决议案对全体党员提出要求，"个个党员不应只是在言论上表示是共产主义者，重在行动上表现出来是共产主义者"。中国共产党始终将初心融入血脉，把使命扛在肩上，紧紧依靠人民，在腥风血雨中一次次绝境重生，在攻坚克难中不断从胜利走向胜利。习近平总书记指出：“从石库门到天安门，从兴业路到复兴路，我们党近百年来所付出的一切努力、进行的一切斗争、作出的一切牺牲，都是为了人民幸福和民族复兴。”中国共产党人践行初心、担当使命，团结带领中国人民进行革命、建设、改革，中华民族迎来了从站起来、富起来到强起来的伟大飞跃，实现中华民族伟大复兴进入了不可逆转的历史进程。

不怕牺牲、英勇斗争，就是始终保持斗争精神、顽强意志、优良作风，毫无畏惧地面对一切困难和挑战，坚定不移地开辟新天地。这是对中国共产党人精神风范和意志品质的集中表达。中国共产党是“无产阶级的先锋军，为无产阶级奋斗，和为无产阶级革命的党”，始终把“实行社会革命”作为根本政治目的。共产党员是“特殊材料制成的人”，不惧“为他所信仰的主义而死”。毛泽东同志说：“从古以来，中国没有一个集团，像共产党一样，不惜牺牲一切，牺牲多少人，干这样的大事。”习近平总书记指出：“在应对各种困难挑战中，我们党锤炼了不畏强敌、不惧风险、敢于斗争、勇于胜利的风骨和品质”。在革命性锻造中，中国共产党人焕发出强大生机活力，始终走在时代前列，成为全国人民的主心骨，成为坚强领导核心。

对党忠诚、不负人民，就是无条件地对党的信仰忠诚、

对党组织忠诚、对党的理论和路线方针政策忠诚，始终坚持全心全意为人民服务的根本宗旨。这是对中国共产党人政治担当和人民立场的集中表达。党的一大纲领明确规定党员的条件是："凡承认本党纲领和政策，并愿成为忠实党员的人"。中国共产党始终代表最广大人民根本利益，没有任何自己特殊的利益。党的二大决议案指出，中国共产党是"为无产群众奋斗的政党"，"既然要组成一个做革命运动的并且一个大的群众党"，"就不能忘了两个重大的律：（一）党的一切运动都必须深入到广大的群众里面去。（二）党的内部必须有适应于革命的组织与训练。"习近平总书记指出："全国广大共产党员要始终在党爱党、在党为党，心系人民、情系人民，忠诚一辈子，奉献一辈子"。中国共产党人始终保持同人民群众最密切的联系，实现了由小到大、由弱到强的发展壮大，团结带领人民根本改变了中国人民和中华民族的前途和命运。

伟大建党精神是中国共产党人精神谱系的历史源头和高度凝练

习近平总书记指出："一百年来，中国共产党弘扬伟大建党精神，在长期奋斗中构建起中国共产党人的精神谱系，锤炼出鲜明的政治品格。"正确认识伟大建党精神与中国共产党人精神谱系的关系，特别是从党的百年奋斗历程中深刻认识伟大建党精神的地位和作用，是理解把握伟大建党精神是中国共产党精神之源的关键所在。

伟大建党精神是中国共产党人精神谱系的历史源头。树高千尺有根，水流万里有源。伟大建党精神是在创建中国共产党的伟大实践中形成的。党的创建是中国共产党奋斗征程的起点，伟大建党精神的形成是中国共产党人精神谱系的开篇。在百年接续奋斗中，中国共产党弘扬伟大建党精神，团结带领人民创造了一系列伟大成就，铸就了一系列伟大精神。新民主主义革命时期，中国共产党团结带领人民浴血奋战、百折不挠，推翻了三座大山，建立了中华人民共和国，铸就了井冈山精神、长征精神、遵义会议精神、延安精神、西柏坡精神等。社会主义革命和建设时期，党团结带领人民自力更生、发愤图强，确立了社会主义基本制度，推进了社会主义建设，铸就了抗美援朝精神、红旗渠精神、大庆精神和铁人精神、雷锋精神、焦裕禄精神、“两弹一星”精神等。改革开放和社会主义现代化建设新时期，党团结带领人民解放思想、锐意进取，开创、坚持、捍卫、发展了中国特色社会主义，铸就了特区精神、抗洪精神、抗击“非典”精神、载人航天精神、抗震救灾精神等。中国特色社会主义新时代，党团结带领人民自信自强、守正创新，推动党和国家事业取得历史性成就、发生历史性变革，铸就了探月精神、新时代北斗精神、伟大抗疫精神、脱贫攻坚精神等。这一系列伟大精神，是伟大建党精神这一“源头”在不同历史时期的“活水”涌流，是中国共产党在完成不同历史任务中弘扬伟大建党精神的具体表现，共同构筑起中国共产党人的精神谱系。

伟大建党精神是中国共产党人精神谱系的高度凝练。历史川流不息，精神代代相传。中国共产党在不同历史时期铸就的一系列伟大精神，既各有侧重、各具特点，又从不同方面体现了伟大建党精神的基本内涵。比如，井冈山精神的主要内容是：坚定信念、艰苦奋斗，实事求是、敢闯新路，依靠群众、勇于胜利；延安精神的主要内容是：坚定正确的政治方向、解放思想实事求是的思想路线、全心全意为人民服务的根本宗旨、自力更生艰苦奋斗的创业精神；大庆精神和铁人精神的主要内容是：爱国、创业、求实、奉献；“两弹一星”精神的主要内容是：热爱祖国、无私奉献、自力更生、艰苦奋斗、大力协同、勇于登攀；特区精神的主要内容是：敢闯敢试、敢为人先、埋头苦干；抗洪精神的主要内容是：万众一心、众志成城，不怕困难、顽强拼搏，坚韧不拔、敢于胜利；抗击“非典”精神的主要内容是：万众一心、众志成城，团结互助、和衷共济，迎难而上、敢于胜利；伟大抗疫精神的主要内容是：生命至上、举国同心、舍生忘死、尊重科学、命运与共；脱贫攻坚精神的主要内容是：上下同心、尽锐出战、精准务实、开拓创新、攻坚克难、不负人民。这一系列伟大精神的主要内容，都蕴含着伟大建党精神的基本内涵，充分表明伟大建党精神既在创建中国共产党的实践中形成，又在党的百年光辉历史中发扬光大；既是中国共产党人精神谱系的历史源头，也是中国共产党人精神谱系的高度凝练。

伟大建党精神是贯穿中国共产党人精神谱系的红色血脉。“石可破也，而不可夺坚；丹可磨也，而不可夺赤。”伟大建党精神集中体现了中国共产党的性质宗旨、优良作风和伟大品格，深刻揭示了中国共产党最鲜明的特质和特点，充分展示了中国共产党人精神谱系的本质内容和精神实质，是贯通中国共产党人精神谱系的一条红线，是中国共产党不断发展壮大的基因密码。

坚持真理、坚守理想，深刻揭示了中国共产党思想先进、信仰坚定的鲜明特质，展现了党的强大思想优势。中国共产党之所以能够完成近代以来各种政治力量不可能完成的艰巨任务，就在于始终把马克思主义这一科学理论作为行动指南，不断开辟马克思主义中国化新境界；之所以能够经受一次次挫折而又一次次奋起，就在于始终把实现共产主义作为远大理想和崇高追求，理想之光不灭，信念之光不灭。

践行初心、担当使命，深刻揭示了中国共产党初衷不改、本色依旧的鲜明特质，展现了党的强大政治优势。

中国共产党始终把自己的前途命运同中国人民和中华民族的前途命运紧密联系在一起，为争取民族独立、人民解放和实现国家富强、人民幸福不懈奋斗。中国共产党团结带领人民进行的一切奋斗、一切牺牲、一切创造，归结起来就是一个主题：实现中华民族伟大复兴。

不怕牺牲、英勇斗争，深刻揭示了中国共产党意志顽强、作风优良的鲜明特质，展现了党的强大精神优势。中国共产党始终保持“为有牺牲多壮志，敢教日月换新天”的大无畏奋斗精神，在中国革命、建设、改革的各个时期，不畏强敌、不惧风险、敢于斗争、勇于胜利，创造了一个又一个人间奇迹。世界上没有哪个党像中国共产党这样，遭遇过如此多的艰难险阻，经历过如此多的生死考验，付出过如此多的惨烈牺牲。

对党忠诚、不负人民，深刻揭示了中国共产党品德高尚、情系人民的鲜明特质，展现了党的强大道德优势。一代又一代中国共产党人为党和人民的事业顽强拼搏、不懈奋斗，涌现了一大批视死如归的革命烈士、一大批顽强奋斗的英雄人物、一大批忘我奉献的先进模范，以实际行动诠释了共产党人对党无限忠诚，对人民无限热爱。

在新时代弘扬伟大建党精神

“人无精神则不立，国无精神则不强。”伟大建党精神已深深融入党、国家、民族、人民的血脉和灵魂，成为中华民族精神的丰富滋养，是民族精神和时代精神的重要组成部分，是党和国家的宝贵精神财富。继承弘扬伟大建党精神，必将成为激励全党全国人民迈进新征程、奋进新时代，不断攻坚克难、从胜利走向胜利的强大精神动力。

弘扬伟大建党精神，切实学懂弄通做实习近平新时代中国特色社会主义思想，坚定信仰信念信心。坚定理想信念，坚守共产党人精神追求，始终是共产党人安身立命的根本。理论兴则党兴，思想强则党强。新时代弘扬伟大建党精神，就要用习近平新时代中国特色社会主义思想这一当代中国马克思主义、21世纪马克思主义武装全党、教育人民，走好新时代新征程，实现第二个百年奋斗目标。

弘扬伟大建党精神，推进新时代党的建设新的伟大工程，坚守共产党人的初心和使命。初心和使命是激励中国共产党人不断前进的根本动力。新时代弘扬伟大建党精神，就要把不忘初心、牢记使命作为加强党的建设的永恒课题，作为全体党员干部的终身课题，把党的自我革命推向深入，坚决清除一切弱化党的先进性、损害党的纯洁性的因素，坚决防范一切违背初心和使命、动摇党的根基的危险，把党建设成为始终走在时代前列的马克思主义执政党。

弘扬伟大建党精神，勇于进行具有许多新的历史特点的伟大斗争，随时准备为党和人民牺牲一切。中华民族伟大复兴，绝不是轻轻松松、敲锣打鼓就能实现的，前进之路必然有各种风险考验甚至会遇到惊涛骇浪，必须时刻进行具有许多新的历史特点的伟大斗争。新时代弘扬伟大建党精神，就要弘扬不怕牺牲精神，在关键时刻挺身而出，敢于担当作为，敢于动真碰硬，敢于创新，甘于奉献，为了集体利益舍弃个人利益，不断夺取伟大斗争新胜利。

弘扬伟大建党精神，真正把对党忠诚作为共产党人首要的政治品质，始终把人民放在心中最高位置。中国共产党的力量来自党员对党的事业的忠诚，来自党员贯彻执行党的路线方针政策的自觉性、坚定性。新时代弘扬伟大建党精神，就要增强“四个意识”、坚定“四个自信”、做到“两个维护”，牢记“国之大者”，始终在思想上、政治上、行动上同以习近平同志为核心的党中央保持高度一致。始终同人民想在一起、干在一起，从最困难的群众入手，从最突出的问题抓起，从最现实的利益出发，不断实现人民对美好生活的向往。

（原载《求是》杂志2021年第14期，署名“中共中央党史和文献研究院”）

毛泽东思想指导地位的确立及启示

2021 年 7 月 1 日，习近平总书记在庆祝中国共产党成立 100 周年大会上强调指出：“以史为鉴、开创未来，必须继续推进马克思主义中国化。”毛泽东思想作为马克思主义中国化重要理论成果，是马克思列宁主义在中国的运用和发展，是被实践证明了的关于中国革命和建设的正确的理论原则和经验总结。1945 年党的七大把毛泽东思想确立为党的指导思想并写入党章，从此中国革命事业便不断走向胜利。回顾毛泽东思想指导地位确立的历史过程，对于我们深刻认识习近平新时代中国特色社会主义思想的历史地位，增强“四个意识”、坚定“四个自信”、做到“两个维护”，牢记“国之大者”，有着十分重要的启示作用。

毛泽东思想指导地位的确立

毛泽东思想是在中国革命艰难困苦时期创立的。1927 年大革命失败，中国共产党经受了自创立以来从未有过的巨大挫折：共产党员和革命群众遭到反动派的疯狂屠杀，党员数量由大革命高潮时期的近6万人急剧减少到1万多人，党的活动被迫转入地下。毛泽东后来曾形象地比喻说："被人家一巴掌打在地上，像一篮鸡蛋一样摔在地上，摔烂很多"。但是，以毛泽东同志为主要代表的中国共产党人，认真总结经验教训，深刻分析我国的实际情况，在实践中创造性地开辟了一条农村包围城市、武装夺取政权的中国革命道路，进而在理论上逐渐创立起了把马克思列宁主义的基本原理同中国革命的具体实际相结合的毛泽东思想。

——20世纪20年代后期和30年代前期，毛泽东思想是在同把马克思主义教条化、把共产国际决议和苏联经验神圣化的错误倾向作斗争，并深刻总结这方面历史经验教训的过程中逐渐形成和发展起来的。

大革命失败后，党内一些人不顾中国革命实际，把共产国际决议和苏联经验奉若神明，机械照搬资本主义国家无产阶级政党特别是俄国经验，企图以夺取中心城市的武装暴动实现一省或数省的首先胜利，因而接连发生了1927年11月至1928年4月的"左"倾盲动错误、1930年6月至9月的"左"倾冒险错误和1931年1月由党的扩大的六届四中全会开始的长达四年的、以王明为代表的"左"倾教条主义错误，使中国革命几乎陷于绝境。

毛泽东同这些错误倾向作了坚持不懈的斗争。为了保存和发展革命力量，他率领秋收起义部队上井冈山，把工作重点由城市转入农村。从 1928 年 10 月到 1930 年 1 月，在领导红军作战和根据地建设实践中，毛泽东先后写成《中国的红色政权为什么能够存在？》、《井冈山的斗争》、《星星之火，可以燎原》等著作，阐明中国革命为什么必须实行“工农武装割据”，并在此基础上提出了以农村包围城市为特征的中国式的武装夺取政权的革命道路思想，从而“在理论上更具体地和更完满地给了中国革命的方向以马克思列宁主义的科学根据”。与此同时，与之相关的土地革命的思想、根据地建设的思想、党的建设和人民军队建设的思想等，在毛泽东的论述中也逐步深入展开。

1930 年 5 月，毛泽东写下《调查工作》（20 世纪 60 年代公开发表时题目改为《反对本本主义》）一文，尖锐批评脱离中国革命实际、照抄决议本本、照搬苏联经验的教条主义，在党的历史上第一次明确提出了“没有调查，没有发言权”等重要思想。这篇文章初步形成了毛泽东思想活的灵魂的三个基本方面，即实事求是、群众路线、独立自主，初步解决了怎样把马克思主义基本原理同中国具体实际相结合的根本原则问题。

农村包围城市、武装夺取政权思想的提出，标志着毛泽东思想的初步形成。

——毛泽东思想在土地革命战争后期和全民族抗日

战争时期得到系统总结和多方面展开而达到成熟。

经历了大革命和土地革命的起伏曲折，中国共产党人在比较中更为清楚地认识到中国社会的历史和现状、中国革命的特点和规律。毛泽东后来认为自己在这一时期撰写的文章和起草的文件，“都是革命经验的总结。那些论文和文件，只有在那个时候才能产生，在以前不可能，因为没有经过大风大浪，没有两次胜利和两次失败的比较，还没有充分的经验，还不能充分认识中国革命的规律”。

中央红军到达陕北后，毛泽东先后写下《论反对日本帝国主义的策略》、《中国革命战争的战略问题》、《实践论》、《矛盾论》等著作，从政治路线、军事路线、思想路线上对土地革命战争时期的历史经验教训进行理论总结和哲学概括，创造性地发展了马克思主义哲学，为系统提出实事求是的思想路线奠定了基础。在全民族抗战爆发后新的历史条件下，毛泽东先后发表《抗日游击战争的战略问题》、《论持久战》两篇军事理论著作，系统论述了抗日游击战争的战略地位、抗日战争的持久战总方针和人民战争思想等。

全面抗战爆发以后，中国共产党从原来遭受严密封锁的狭小天地里走出来，变成全国性的大党，公开走上全国政治生活的大舞台，受到人们越来越密切的关注。1939 年到 1940 年初，毛泽东接连发表《〈共产党人〉

发刊词》、《中国革命和中国共产党》、《新民主主义论》等著作，从总结论述统一战线、武装斗争、党的建设“三大法宝”，到第一次明确提出“在无产阶级领导之下的人民大众的反帝反封建的革命”，再到系统阐述新民主主义的政治、经济和文化，不仅回答了当前时局中提出的种种问题，而且回答了中国现阶段民主革命和未来建设新中国的一系列根本问题。随着抗日民族统一战线实践的深入展开，毛泽东在1940、1941年撰写《目前抗日统一战线中的策略问题》、《论政策》、《关于打退第二次反共高潮的总结》等著作，科学论述了“争取中间势力”和“有理、有利、有节”的斗争策略，丰富和完善了抗日民族统一战线思想，并提出了许多重要的政策和策略思想。

新民主主义理论的提出和抗日民族统一战线的一系列方针政策的确定，标志着毛泽东思想已经日渐成熟。

——毛泽东思想在党的七大上被确立为党的指导思想并写入党章。

随着毛泽东思想的不断发展成熟和正确指导实践，人们越来越深切地感受到，需要对这一主要由毛泽东提出的关于中国革命的理论给予适当的命名和加以正确的评价。1941年3月，党的理论工作者张如心用了“毛泽东同志的思想”这一概念。同年6月，中共中央北方局、八路军野战政治部指示：要宣传“我党领袖毛泽东同志发展了马列主义的关于中国革命的各项学说和主张”。1943年7月5日，王稼祥首次使用“毛泽东思想”这个概念，指出“毛泽东思想就是中国的马克思列宁主义”。与此同时，刘少奇号召全党“用毛泽东的思想来武装自己”，把毛泽东同志的指导贯彻到一切工作环节和部门中去，用毛泽东同志的思想体系去清算党内机会主义思想。

在使用和阐述“毛泽东思想”这一概念过程中，人们对其在党内指导地位的认识也越来越清晰。1943年，邓小平明确提出要“在以毛泽东思想为指导的党中央的领导之下”，“把全党从思想上、行动上统一在布尔什维克——毛泽东思想上”。党的扩大的六届七中全会通过《关于若干历史问题的决议》明确指出：“以毛泽东同志为代表的马克思列宁主义的思想更普遍地更深入地掌握干部、党员和人民群众的结果，必将给党和中国革命带来伟大的进步和不可战胜的力量。”

1945年5月14日，刘少奇在党的七大上作关于修改党章的报告，对毛泽东思想进行了完整概括和系统阐述。他指出：毛泽东思想“就是中国的共产主义，中国的马克思主义”，包括“新民主主义”、“解放农民”、“革命统一战线”、“革命战争”、“革命根据地”、“建设新民主主义共和国”、“建设党”、“文化”等方面的理论与政策，“是我们党的唯一正确的指导思想，唯一正确的总路线”。6月11日，党的七大通过的《中国共产党党章》明确规定：“中国共产党，以马克思列宁主义的理论与中国革命的实践之统一的思想——毛泽东思想，作为自己一切工作的指针，反对任何教条主义的或经验主义的偏向。”

毛泽东思想指导地位的确立，标志着全党在思想上的成熟和统一。胡乔木后来回忆说：“为什么要提毛泽东思想？有这个需要。如果中国共产党不提毛泽东思想，很难在全党形成思想上的统一。”“党内各方面的关系，党同群众之间的关系，都在毛泽东思想基础上确定下来。为什么四十年代中国党能够在那么困难的条件下取得那么大的胜利？根本原因是党正确解决了这个问题。”

毛泽东核心地位确立与毛泽东思想指导地位确立

毛泽东核心地位和毛泽东思想指导地位，都是在波澜壮阔的中国革命斗争实践中逐步形成和确立的。从1935年遵义会议到1945年党的七大，毛泽东核心地位的确立经历了一个长期艰辛的过程。在这个过程中，毛泽东思想也不断得以发展成熟，直至成为全党的指导思想。确立毛泽东核心地位和确立毛泽东思想指导地位，二者相辅相成、相互促进。正是因为以毛泽东同志为核心的党的第一代中央领导集体的逐步形成，党才能够更好地从全局和战略的高度总结历史经验和进行理论思考，从而大大丰富和发展了毛泽东思想。与此同时，毛泽东思想引导中国革命航船不断乘风破浪前进，从而使得以毛泽东同志为核心的中央领导集体在全党和全国人民中逐渐赢得崇高威望。

——**遵义会议事实上确立了毛泽东在党中央和红军的领导地位，开始确立了以毛泽东同志为主要代表的马克思主义正确路线在党中央的领导地位，为毛泽东思想发展成熟和发挥作用奠定了根本的政治基础**。

遵义会议以前，中国共产党无论在革命理论上还是在斗争实践中，都尚未成熟。毛泽东提出的一些正确理论、路线和策略，遭到在中央占据统治地位的“左”、右倾错误，特别是王明“左”倾教条主义的反对、排斥和打击。但是，这些错误倾向在实际工作中却不断碰壁，甚至直接导致了各主要根据地的丢失和党在国民党统治区组织的严重破坏。这些错误“开始在更多的领导干部和党员群众面前暴露”，“引起了他们的怀疑和不满”。党内一些曾经犯过错误的同志也不断“开始觉悟”。这样，毛泽东所代表的正确方向和毛泽东思想就为越来越多的人所认识和接受。

遵义会议集中解决当时具有决定意义的军事和组织问题，增选毛泽东为中央政治局常委，取消长征前成立的“三人团”，仍由最高军事首长朱德、周恩来为军事指挥者，而周恩来是党内委托的对于指挥军事下最后决心的负责者。会后不久，决定毛泽东为周恩来在军事指挥上的帮助者，后成立由毛泽东、周恩来、王稼祥组成的三人小组，负责全军的军事行动。这就在事实上确立了毛泽东在党中央和红军的领导地位，开始形成以毛泽东同志为核心的党的第一代中央领导集体。同时，遵义会议结束了“左”倾教条主义错误在中央的统治，充分肯定了毛泽东从中国革命战争特点出发提出的战略战术原则的正确性，从而开始确立了以毛泽东同志为主要代表的马克思主义正确路线在党中央的领导地位。

——**党的扩大的六届六中全会为实现党对抗日战争的领导进行了全面的战略规划，进一步巩固了毛泽东在全党的领导地位，在毛泽东思想发展史上第一次明确提出“马克思主义的中国化”的指导原则**。

1938 年 9 月至 11 月召开的党的扩大的六届六中全会，被毛泽东认为是“决定中国之命运”的一次重要会议。此前，王稼祥带来了共产国际的重要指示，肯定了毛泽东等领导的“政治路线是正确的”，指出中共中央领导机关中“要以毛泽东为核心解决统一领导问题”。这剥夺了王明以共产国际“钦差大臣”自居、不断对中央政治路线说三道四的资本，为六届六中全会的顺利召开做了重要准备。六届六中全会正确地分析了抗日战争的形势，规定了党在抗战新阶段的任务，基本纠正了王明的右倾错误，进一步巩固了毛泽东在全党的领导地位。

毛泽东在六届六中全会上作了《论新阶段》的政治报告，不仅指出了“抗日民族战争与抗日民族统一战线发展”进入“新阶段”，而且也表明中国共产党在实现马克思主义中国化方面，事实上也达到了一个“新阶段”。一方面，毛泽东代表中共中央第一次向全党提出了“马克思主义的中国化”的任务——“把马克思主义应用到中国具体环境的具体斗争中去”，“使之在其每一表现中带着中国的特性，即是说，按照中国的特点去应用它”。另一方面，毛泽东在这次全会中，对之后被概括为中国革命“三大法宝”的统一战线、武装斗争和党的建设等问题也都作出了十分精辟的论述。

——**延安整风运动实现了在以毛泽东同志为核心的党中央领导下全党新的团结和统一，促进了全党进一步团结在毛泽东思想的旗帜下**。

20世纪40年代前期，中国共产党以延安为中心，在全党范围内开展了一次深刻的马克思主义思想教育运动。在学习讨论党的历史路线，明辨思考党的若干历史问题的基本是非过程中，全党高度评价了毛泽东的革命功绩和对马克思主义的创造性发展，从而更深刻地认识到确立毛泽东核心地位和确立毛泽东思想指导地位的必然性和必要性。

在整风运动过程中，为加强党的集中统一领导，

1943年3月20日，中央政治局会议通过《中共中央关于中央机构调整及精简的决定》，推定毛泽东为政治局主席，并决定他为书记处主席。毛泽东、刘少奇、任弼时组成中央书记处，书记处所讨论的问题，“主席有最后决定之权”。这是一次重要的中央机构和人事的调整，从组织手续上完成了毛泽东在全党的领导核心地位的确立。整风运动的开展，对推动毛泽东思想进一步成熟、建立起独特的思想体系并取得全党共识也起了重要的催化作用。全党加深了对毛泽东思想的认识，掀起了学习和研究毛泽东思想的热潮。在整风基础上通过的《关于若干历史问题的决议》，高度评价了毛泽东运用马克思列宁主义基本原理解决中国革命问题的杰出贡献，肯定了确立毛泽东在全党领导地位的重大意义，增强了全党在毛泽东思想基础上的团结。

——党的七大正式形成以毛泽东同志为核心的党的第一代中央领导集体，确立毛泽东思想为党的指导思想。

在毛泽东思想作为指导思想写入七大党章的8天后，1945年6月19日，七届一中全会选举毛泽东、朱德、刘少奇、周恩来、任弼时为中央书记处书记，毛泽东为中央委员会主席、中央政治局主席、中央书记处主席，全党在政治上思想上组织上达到空前的团结。

正确认识并确立毛泽东核心地位、毛泽东思想指导地位，是党和人民在长期奋斗中的巨大收获。毛泽东在党内的核心地位和毛泽东思想作为党的指导思想，是全党的共同选择，是历史形成的。朱德曾指出："在我们党方面，如果没有毛泽东同志的正确领导，如果没有毛泽东思想的指导而不断地纠正了各方面的缺点和错误，就不能使党和人民革命事业得到如此迅速而巨大的发展，则胜利的获得也同样地是很难想象的。"

确立毛泽东思想指导地位的历史意义和现实启示

——确立毛泽东思想为党的指导思想，无论在中国革命和建设的伟大实践中，还是在马克思主义发展史上，都具有重要而深远的历史意义。

毛泽东思想是"中国人民完整的革命建国理论"。在毛泽东思想指引下，中国共产党团结带领中国人民，不仅创造了新民主主义革命的伟大成就，而且创造了社会主义革命和建设的伟大成就。刘少奇在党的七大上曾富有远见地指出：毛泽东思想"要极大地增强我们党和中国人民的信心和战斗力量，极大地加速中国革命胜利的进程"，"将造福于我国民族至遥远的后代"。20世纪80年代，胡乔木也说过："如果没有毛泽东思想，很难设想中国革命能够胜利。中国革命曾经经历了那么多的艰难，那么多的曲折，那么多的牺牲，并不是因为中国共产党不相信马克思主义，而是因为把马克思主义同中国革命的实际结合起来很不容易，这不是一件很简单的事情。”

毛泽东思想以独创性理论丰富和发展了马克思列宁主义。毛泽东思想创造性地解决了马克思列宁主义基本原理同中国具体实际相结合的一系列重大问题，创造性地解决了在中国这种特殊的社会历史条件下建设马克思主义政党的一系列重大问题，创造性地解决了缔造一个在党的绝对领导下的人民武装力量的一系列重大问题，创造性地解决了团结全民族最大多数人共同奋斗的革命统一战线的一系列重大问题，创造性地提出和实施了一系列正确的战略策略……实现了马克思主义中国化的第一次历史性飞跃。

毛泽东思想是中国共产党和中国人民宝贵的精神财富。毛泽东思想教育了几代中国共产党人，培养的大批骨干，不仅在新民主主义革命、社会主义革命和建设时期发挥了重要作用，也为新的历史时期开创和建设中国特色社会主义发挥了重要作用。毛泽东思想蕴含的许多基本原理、原则和科学方法，具有普遍意义和重要的指导作用。正如邓小平曾指出的：“没有毛泽东思想，就没有今天的中国共产党，这也丝毫不是什么夸张。毛泽东思想永远是我们全党、全军、全国各族人民的最宝贵的精神财富。”

——确立毛泽东思想为党的指导思想，为今天毫不

动摇地坚持习近平新时代中国特色社会主义思想，坚决做到“两个维护”，提供了鲜明而深刻的现实启示。

必须在实践中不断丰富和发展马克思主义，不断推进马克思主义中国化时代化。马克思主义是我们立党立国的根本指导思想，是我们党的灵魂和旗帜。但马克思主义不是一成不变的教条，只有把马克思主义基本原理同本国具体实际、历史文化传统、时代要求紧密结合起来，在实践中不断作出新的理论创造，才具有强大的生命力。毛泽东曾说过：“我们要把马、恩、列、斯的方法用到中国来，在中国创造出一些新的东西。只有一般的理论，不用于中国的实际，打不得敌人。”毛泽东思想大大推进了马克思主义中国化的历史进程。这之后，中国共产党不断开辟马克思主义新境界，创立了邓小平理论，形成了“三个代表”重要思想、科学发展观，指引中国人民夺取一个又一个伟大胜利。党的十八大以来，以习近平同志为主要代表的中国共产党人，从理论和实践结合上系统回答了新时代坚持和发展什么样的中国特色社会主义、怎样坚持和发展中国特色社会主义这个重大时代课题，创立了习近平新时代中国特色社会主义思想。这一思想作为马克思主义中国化最新成果，是引领中国、影响世界的思想火炬。在当代中国，坚持和发展习近平新时代中国特色社会主义思想，就是真正坚持和发展马克思主义。

必须在实践中形成和确立坚强有力的领导核心，不断增强拥护核心、跟随核心、捍卫核心的思想自觉、政治自觉、行动自觉。党的指导思想的主要创立者和党的领导核心总是高度一致，党的指导思想的形成、确立与党的领导核心的形成、确立总是紧密联系。确立和维护领导核心，是无产阶级政党走向成熟的重要标志。党的七大不仅确立了毛泽东思想的指导地位，而且正式形成了以毛泽东同志为核心的党的第一代中央领导集体。实践证明，这是中国革命不断走向胜利的重要保证。党的十九大把习近平新时代中国特色社会主义思想确立为党必须长期坚持的指导思想并庄严地写入党章，同时把习近平总书记的核心地位写入党章。这是历史和人民的共同选择、郑重选择、必然选择。在新时代，必须在思想上政治上行动上更加清醒坚定，坚决维护习近平总书记党中央的核心、全党的核心地位。

必须在实践中不断增强党的团结和集中统一，坚决维护党中央权威和集中统一领导。1945 年，在党的七大会场主席台上方悬挂着“在毛泽东的旗帜下胜利前进”的红色横幅，在会场后方悬挂着“同心同德”四个大字。从遵义会议到这次“团结的大会，胜利的大会”，全党经历了十年时间才真正深刻认识到维护党的团结和集中统一，维护党中央权威的重大意义，并将其转化为自觉行动。全党达到的空前团结和统一，为夺取抗战胜利和获得全国解放奠定了强大思想政治基础。维护党中央权威和集中统一领导，是一个成熟的马克思主义政党必须始终坚持的重大原则，也是中国革命、建设、改革的重要经验。历史充分证明，我们这么大一个党，这么大一个国家，只有党中央有权威，才能把全党牢固凝聚起来，进而把全国各族人民紧密团结起来，形成万众一心、无坚不摧的磅礴力量。

思想就是力量。在全面建设社会主义现代化国家的新征程中，必须始终坚持以习近平新时代中国特色社会主义思想为指导，在以习近平同志为核心的党中央坚强领导下，坚持把马克思主义基本原理同中国具体实际相结合、同中华优秀传统文化相结合，用马克思主义观察时代、把握时代、引领时代，为实现第二个百年奋斗目标、实现中华民族伟大复兴而不懈奋斗！

（原载《求是》杂志 2021 年第 18 期，署名“中共中央党史和文献研究院”）

必须继续推进马克思主义中国化

马克思主义为中国伟大的社会革命提供了强大思想武器，使中国这个古老的东方大国创造了人类历史上前所未有的发展奇迹。实践发展充分证明，历史和人民选择马克思主义是完全正确的，中国共产党把马克思主义写在自己的旗帜上是完全正确的，不断推进马克思主义中国化是完全正确的。今天，马克思主义指引中国成功走上了全面建设社会主义现代化国家的康庄大道，中国共产党人作为马克思主义的忠诚信奉者、坚定实践者，正在为坚持和发展马克思主义、继续推进马克思主义中国化而执着努力。

马克思主义始终是我们党和国家的指导思想，是我们认识世界、把握规律、追求真理、改造世界的强大思想武器

恩格斯说过：“一个民族要想站在科学的最高峰，就一刻也不能没有理论思维。”中华民族要实现伟大复兴，也同样一刻不能没有理论思维。马克思主义始终是

我们党和国家的指导思想，是我们认识世界、把握规律、追求真理、改造世界的强大思想武器。

在漫长的历史上，探索历史规律、寻求自身解放的道路，一直是人类孜孜以求的目标。在马克思主义诞生之前，人类的这种探索还处于自发阶段。马克思主义的诞生犹如壮丽的日出，照亮了人类探索前行之路。

马克思主义主要由哲学、政治经济学、科学社会主义三大组成部分构成。这三大组成部分分别来源于德国古典哲学、英国古典政治经济学、法国空想社会主义，然而，最终升华为马克思主义的根本原因，是马克思对所处时代和世界的深入考察，是马克思对人类社会发展规律的深刻把握。马克思主义是科学的理论，它以唯物史观和剩余价值学说，揭示了人类社会发展的一般规律，揭示了资本主义运行的特殊规律，为人类指明了从必然王国向自由王国飞跃的途径。马克思主义是人民的理论，为人民指明了实现自由和解放的道路，第一次站在人民的立场，以科学的理论为最终建立一个没有压迫、没有剥削、人人平等、人人自由的理想社会指明了方向。马克思主义是实践的理论，是为了改变人民历史命运而创立的，是在人民求解放的实践中形成的，也是在人民求解放的实践中丰富和发展的，为人民认识世界、改造世界提供了强大精神力量。马克思主义是不断发展的开放的理论，一部马克思主义发展史就是马克思、恩格斯以及他们的后继者们不断根据时代、实践、认识发展而发展的历史，是不断吸收人类历史上一切优秀思想文化成果丰富自己的历史。

我们党从成立之日起，就鲜明把马克思主义作为党的思想旗帜、精神旗帜，把共产主义确立为远大理想，把社会主义和共产主义确定为自己的奋斗目标。一百年来，无论是处于顺境还是逆境，我们党从未动摇对马克思主义的信仰。实践证明，马克思主义是中国共产党人理想信念的灵魂，是指导我们改造客观世界和主观世界的锐利思想武器，为增进全党全国各族人民团结统一提供了坚实思想基础，为我们党战胜一个又一个困难、取得一个又一个胜利提供了理论遵循和科学指南。中国共产党为什么能，中国特色社会主义为什么好，归根到底是因为马克思主义行。

习近平总书记指出："马克思主义是我们立党立国的根本指导思想。背离或放弃马克思主义，我们党就会失去灵魂、迷失方向。""我们干事业不能忘本忘祖、忘记初心。我们共产党人的本，就是对马克思主义的信仰，对中国特色社会主义和共产主义的信念，对党和人民的忠诚。"在新时代新征程上，面对世界风云变幻，面对各种风险挑战，我们必须坚定不移坚持马克思主义指导地位，任何时候任何情况下都不能有丝毫动摇。

从中国实际出发、把握历史主动，不断推进马克思主义中国化时代化，指导中国人民不断推进伟大社会革命

马克思主义并没有结束真理，而是开辟了通向真理的道路。恩格斯深刻指出："马克思的整个世界观不是教义，而是方法。它提供的不是现成的教条，而是进一步研究的出发点和供这种研究使用的方法。"马克思主义"是一种历史的产物，它在不同的时代具有完全不同的形式，同时具有完全不同的内容"。习近平总书记指出："对待科学的理论必须有科学的态度。"科学社会主义基本原则不能丢，丢了就不是社会主义。同时，科学社会主义也绝不是一成不变的教条。当代中国的伟大社会变革，不是简单延续我国历史文化的母版，不是简单套用马克思主义经典作家设想的模板，不是其他国家社会主义实践的再版，也不是国外现代化发展的翻版。只有把科学社会主义基本原则同本国具体实际、历史文化传统、时代要求紧密结合起来，在实践中不断探索总结，才能把蓝图变为美好现实。

中国共产党是勇于理论创新的党，也是善于理论创新的党。我们党已经走过一百年光辉岁月，这一百年是毫不动摇坚持马克思主义的一百年，也是与时俱进发展

马克思主义的一百年。一百年来，我们党坚持把马克思主义基本原理同中国具体实际相结合、同中华优秀传统文化相结合，洞察时代大势，把握历史主动，进行艰辛探索，不断推进马克思主义中国化时代化，指导中国人民不断推进伟大社会革命。

新民主主义革命时期，我们党从中国的历史状况和社会状况出发，深刻研究中国革命的特点和中国革命的规律，发展了马克思列宁主义关于无产阶级在民主革命中的领导权的思想，形成了无产阶级领导的，工农联盟为基础的，人民大众的，反对帝国主义、封建主义和官僚资本主义的新民主主义革命的理论，开辟了农村包围城市、武装夺取政权的道路，创立了毛泽东思想。在科学思想的指引下，我们党团结带领人民浴血奋战、百折不挠，以武装的革命反对武装的反革命，推翻帝国主义、封建主义、官僚资本主义三座大山，建立了人民当家作主的中华人民共和国，实现了民族独立、人民解放。新民主主义革命的胜利，彻底结束了旧中国半殖民地半封建社会的历史，彻底结束了旧中国一盘散沙的局面，彻底废除了列强强加给中国的不平等条约和帝国主义在中国的一切特权，为实现中华民族伟大复兴创造了根本社会条件。

社会主义革命和社会主义建设时期，我们党坚持和发展毛泽东思想，创造性地开辟了一条适合中国特点的社会主义改造道路，从理论和实践上解决了在中国这样一个占世界人口近 1/4 的、经济文化落后的大国建立社会主义制度的艰难任务。在全面的大规模的社会主义建设中，毛泽东同志提出把马克思主义基本原理与中国具体实际进行“第二次结合”，提出了一系列关于社会主义建设的重要认识和正确主张。在科学思想的指引下，党团结带领人民自力更生、发愤图强，消灭在中国延续几千年的封建剥削压迫制度，确立社会主义基本制度，推进社会主义建设，战胜帝国主义、霸权主义的颠覆破坏和武装挑衅，实现了中华民族有史以来最为广泛而深刻的社会变革，实现了一穷二白、人口众多的东方大国大步迈进社会主义社会的伟大飞跃，为实现中华民族伟大复兴奠定了根本政治前提和制度基础。

党的十一届三中全会后，我们党坚持解放思想、实事求是、与时俱进、求真务实，不断加深对什么是社会主义、怎样建设社会主义，建设什么样的党、怎样建设党，实现什么样的发展、怎样发展的认识，勇于推进理论创新、实践创新、制度创新、文化创新以及各方面创新，创立了邓小平理论，形成了“三个代表”重要思想、科学发展观。在科学思想的指引下，我们党团结带领中国人民解放思想、锐意进取，创造了改革开放和社会主义现代化建设的伟大成就。我们实现新中国成立以来党的历史上具有深远意义的伟大转折，确立党在社会主义初级阶段的基本路线，坚定不移推进改革开放，战胜来自各方面的风险挑战，开创、坚持、捍卫、发展中国特色社会主义，实现了从高度集中的计划经济体制到充满活力的社会主义市场经济体制、从封闭半封闭到全方位开放的历史性转变，实现了从生产力相对落后的状况到经济总量跃居世界第二的历史性突破，实现了人民生活从温饱不足到总体小康、奔向全面小康的历史性跨越，为实现中华民族伟大复兴提供了充满新的活力的体制保证和快速发展的物质条件。

党的十八大以来，面对国际国内形势的深刻变化，以习近平同志为核心的党中央，顺应时代发展，从理论和实践结合上系统回答了新时代坚持和发展什么样的中国特色社会主义、怎样坚持和发展中国特色社会主义这个重大时代课题，创立了习近平新时代中国特色社会主义思想。在科学思想的指引下，我们党团结带领人民自信自强、守正创新，统揽伟大斗争、伟大工程、伟大事业、伟大梦想，坚持和加强党的全面领导，统筹推进“五位一体”总体布局、协调推进“四个全面”战略布局，坚持和完善中国特色社会主义制度、推进国家治理体系和治理能力现代化，坚持依规治党、形成比较完善的党内法规体系，战胜一系列重大风险挑战，实现第一个百年奋斗目标，明确实现第二个百年奋斗目标的战略安排，党和国家事业取得历史性成就、发生历史性变革，为实现中华民族伟大复兴提供了更为完善的制度保证、更为坚实的物质基础、更为主动的精神力量。

在当代中国，坚持和发展习近平新时代中国特色社会主义思想，就是真正坚持和发展马克思主义

习近平新时代中国特色社会主义思想是马克思主义中国化的最新成果。这一思想一以贯之坚持马克思主义，始终把马克思主义作为中国共产党人的“真经”，始终坚持马克思主义基本原理，坚持科学社会主义基本原则，坚持运用辩证唯物主义和历史唯物主义世界观方法论。这一思想与时俱进发展马克思主义，站在真理和道义的制高点上，结合新的时代和实践作出新的理论创造，对马克思主义哲学、政治经济学、科学社会主义作出了许多重大原理性创新，实现了马克思主义中国化的历史性飞跃、创造性升华。这一思想立足于为人民谋幸福、为民族谋复兴、为世界谋大同，具有实践性、时代性、创造性的鲜明品格，充分体现了当代中国共产党人的政治立场、价值追求、精神风范，充分展现了高尚真挚的人民情怀、家国情怀、民族情怀、天下情怀。

习近平新时代中国特色社会主义思想承前启后、继往开来，全面把握中华民族伟大复兴战略全局和世界百

年未有之大变局，是关乎中国前途命运的当代中国马克思主义，是关乎科学社会主义发展前景的21世纪马克思主义，为马克思主义在当今时代的大发展作出了开创性、全面性、历史性贡献。在当代中国、在当今时代，坚持和发展习近平新时代中国特色社会主义思想，就是真正坚持和发展马克思主义，就是真正坚持和发展科学社会主义。

新的历史起点上，全面贯彻习近平新时代中国特色社会主义思想，必须继续把马克思主义基本原理同中国具体实际相结合。当前，我国已经进入全面建设社会主义现代化国家、向第二个百年奋斗目标进军的新发展阶段，国内外环境的深刻变化既带来一系列新机遇，也带来一系列新挑战。我们要深刻把握当代中国的实际问题，以我们正在做的事情为中心，以辩证思维看待新发展阶段的新机遇新挑战，深刻认识我国社会主要矛盾变化带来的新特征新要求，坚持问题意识、突出问题导向，在准确把握新发展阶段、深入贯彻新发展理念、加快构建新发展格局中，不断研究新情况、解决新问题，在全面建设社会主义现代化国家新征程上不断推进理论创新和实践创新。

新的历史起点上，全面贯彻习近平新时代中国特色社会主义思想，必须继续把马克思主义基本原理同中华优秀传统文化相结合。在人类文明历史长河中，中国人民创造了源远流长、博大精深的优秀传统文化，为中华民族生生不息、发展壮大提供了强大精神支撑。中华优秀传统文化的丰富哲学思想、人文精神、价值理念、道德规范等，蕴藏着解决当代人类面临的难题的重要启示，为人们认识和改造世界提供了有益启迪，为治国理政提供了有益启示。中华优秀传统文化是中华民族的突出优势，是我们在世界文化激荡中站稳脚跟的根基。要继续挖掘中华五千年文明中的精华，大力弘扬中华优秀传统文化，把其中的精华同马克思主义立场观点方法结合起来，丰富和发展更加具有中国特色、中国风格、中国气派的马克思主义。

全面贯彻习近平新时代中国特色社会主义思想，继续推进马克思主义中国化，要始终坚持用马克思主义观察时代、把握时代、引领时代，用鲜活丰富的当代中国实践推动马克思主义发展，用宽广视野吸收人类创造的一切优秀文明成果，坚持在改革中守正出新、不断超越自己，在开放中博采众长、不断完善自己，不断深化对共产党执政规律、社会主义建设规律、人类社会发展规律的认识，不断开辟当代中国马克思主义、21世纪马克思主义新境界。

（原载《人民日报》2021年10月18日，署名“中央党史和文献研究院院务会理论学习中心组”）

图书在版编目（CIP）数据

习近平新时代中国特色社会主义思想学习论丛. 第六辑 / 中共中央党史和文献研究院编. —北京：中央文献出版社, 2023.12

ISBN 978-7-5073-4852-1

Ⅰ.①习… Ⅱ.①中… Ⅲ.①习近平新时代中国特色社会主义思想—文集 Ⅳ.①D610.4-53

中国国家版本馆CIP数据核字（2023）第237372号

习近平新时代中国特色社会主义思想学习论丛（第六辑）

编　　者/中共中央党史和文献研究院
出版发行/中央文献出版社
地　　址/北京市西四北大街前毛家湾1号
邮　　编/100017
网　　址/www.zywxpress.com
销售热线/010-83072503 / 83072509 / 83089319 / 83089404 / 83089317 / 83089394
经　　销/新华书店
排　　版/北京中献唐人数字技术有限公司
印　　刷/北京盛通印刷股份有限公司

787毫米×1092毫米　16开　7印张　61千字
2023年12月第1版　2023年12月第1次印刷

ISBN 978-7-5073-4852-1　定价：20.00元